Dr. Oetker

Cookies

Dr. Oetker

Cookies

Dr. Oetker Verlag

VORWORT

Groß, rund, mächtig – innen weich, außen knusprig, wahlweise mit Schokolade, Nüssen oder Früchten, am besten aber gleich mit allem auf einmal und von allem reichlich. Cookies rufen „Mmms ..." hervor, sind wahre Seelentröster und wirken wie kleine Fluchten aus dem Alltag.

Unser Rezept gegen Liebeskummer und Regenwetterblues: die volle Schokowucht in Form eines Triple Chocolate Cookie. Damit ins weiche Sofa fallen lassen, dazu einen Latte macchiato trinken und die Sonne geht auf.

Das Beste an Cookies: Im Handumdrehen ist der Teig gerührt. Dann einfach noch Nüsse, Früchte oder Schokolade in Weiß, Braun oder Schwarz unterheben und den Teig in flachen Häufchen aufs Backblech setzen. Wenige Minuten gedulden und schon sind die wunderbaren Riesenkekse fertig. Wenn Sie die dann am besten noch lauwarm vom Blech weg genießen, kommt das Glück von ganz allein.

Unsere Empfehlung: Cookie-Glück lässt sich in Form einer selbst gemachten Backmischung auch verschenken. Wie wäre es mit den fruchtigen Apple Cookies? Unbedingt ausprobieren. Wie's geht steht auf den Seiten 56/57.

Wir haben alle Rezepte ausprobiert und so für Sie aufgeschrieben, dass sie garantiert gelingen.

Cookies
+ 1 Apfel
+ 1 Ei
+ 75 g Butter
01234

Grundrezept

PRO STÜCK: E: 3 g, F: 14 g, Kh: 20 g, kJ: 912, kcal: 218, BE: 1,5
ZUBEREITUNGSZEIT: 35 Minuten
BACKZEIT: 12–15 Minuten

FÜR DEN TEIG:
100 g Butter (zimmerwarm)
100 g brauner Zucker
1 Prise Salz
1 Ei (Größe M)
100 g Weizenmehl
1 Msp. Natron
50 g abgezogene, gem. Mandeln

1. Den Backofen vorheizen.
Ober-/Unterhitze: etwa 200 °C
Heißluft: etwa 180 °C

2. Für den Teig Butter mit Zucker und Salz in eine Rührschüssel geben. Die Zutaten mit einem Mixer (Rührstäbe) zunächst kurz auf niedrigster, dann auf höchster Stufe schaumig schlagen. Das Ei hinzugeben und etwa 1 Minute unterschlagen.

3. Das Mehl mit dem Natron und den Mandeln gut vermischen. Die Mehl-Mandel-Mischung auf die Butter-Ei-Masse geben und mit einem Teigschaber unterheben.

4. Den Cookieteig am besten mit einem Eisportionierer in gleich großen, runden Häufchen auf ein Backblech (gefettet, mit Backpapier belegt) setzen (Foto 1), dabei genügend Abstand zwischen den Teighäufchen lassen. Die Teighäufchen mit einem in Wasser getauchten Löffel zu flachen Cookies verstreichen (Foto 2). Das Backblech in den vorgeheizten Backofen schieben. Die Cookies **12–15 Minuten backen.**

5. Die Cookies mit dem Backpapier von dem Backblech auf einen Kuchenrost ziehen und erkalten lassen.

Tipps: Dieser Basis-Teig lässt sich je nach Lust, Laune und Leidenschaft tunen. Schoko-Fans rühren 100 g Schokotropfen – je nach Vorliebe in Vollmilch, Zartbitter oder Weiß – unter den Teig. 75 g gehackte Nüsse der Lieblingssorte machen sich ebenfalls gut – von Pekan- über Macadamia- und Erd- bis zu Hasel-, Para- oder Walnusskernen ist alles möglich. Getrocknete Früchte (etwa 75 g, schön klein gehackt) passen immer. Für ein schönes Spiel der

Farben und Aromen sorgen etwa getrocknete Cranberrys und 1 Esslöffel gehackte Pistazienkerne.

Für **Lemon Cookies** rühren Sie die abgeriebene Schale von 1 Bio-Zitrone (unbehandelt, ungewachst) zusammen mit dem Zucker und dem Salz unter die Butter. Die Mehlmenge erhöhen Sie auf 125 g, statt 1 Messerspitze Natron nehmen Sie 2 und 50 g gemahlene ersetzen Sie durch 75 g gehobelte Mandeln.

Chocolate Cookies

PRO STÜCK: E: 4 g, F: 16 g, Kh: 30 g, kJ: 1174, kcal: 281, BE: 2,5
ZUBEREITUNGSZEIT: etwa 40 Minuten
BACKZEIT: etwa 15 Minuten

ZUM VORBEREITEN:
50 g Vollmilch-Schokolade (etwa 50 % Kakaoanteil)

FÜR DEN TEIG:
75 g Butter (zimmerwarm)
50 g weißer Zucker
75 g brauner Zucker
1 Pck. Dr. Oetker Bourbon-Vanille-Zucker
1 Prise Salz
1 Ei (Größe M)
100 g Weizenmehl
50 g gehackte Haselnusskerne
30 g Schoko-Tröpfchen

1–2 EL Schoko-Tröpfchen zum Garnieren

1. Zum Vorbereiten die Vollmilch-Schokolade in feine Stückchen hacken.

2. Den Backofen vorheizen.
Ober-/Unterhitze: etwa 180 °C
Heißluft: etwa 160 °C

3. Für den Teig Butter mit beiden Zuckersorten, Vanille-Zucker und Salz in eine Rührschüssel geben. Die Zutaten mit einem Mixer (Rührstäbe) zunächst kurz auf niedrigster, dann auf höchster Stufe schaumig schlagen. Das Ei hinzugeben und etwa 1 Minute unterrühren.

4. Das Mehl auf die Butter-Ei-Massse geben und mit einem Teigschaber unterheben. Die Nüsse mit der fein gehackten Schokolade und 30 g Schoko-Tröpfchen mischen und zuletzt unter den Teig heben.

5. Den Teig mit 2 Esslöffeln oder einem Eisportionierer in gleich großen, runden Häufchen auf ein Backblech (gefettet, mit Backpapier belegt) setzen, dabei genügend Abstand zwischen den Teighäufchen lassen. Die Teighäufchen mit einem in Wasser getauchten Löffel nur etwas flacher streichen (der Teig läuft beim Backen noch etwas auseinander). Die Cookies mit 1–2 Esslöffeln Schoko-Tröpfchen bestreuen. Die Schoko-Tröpfchen leicht in den Teig drücken.

6. Das Backblech in den vorgeheizten Backofen schieben. Die Chocolate Cookies **etwa 15 Minuten backen.**

7. Die Chocolate Cookies mit dem Backpapier von dem Backblech auf einen Kuchenrost ziehen und erkalten lassen.

einfach & gut

White Chocolate Cookies

PRO STÜCK: E: 3 g, F: 16 g, Kh: 35 g, kJ: 1260, kcal: 301, BE: 3,0
ZUBEREITUNGSZEIT: etwa 50 Minuten
BACKZEIT: etwa 15 Minuten

ZUM VORBEREITEN:
200 g weiße Schokolade

FÜR DEN TEIG:
75 g Butter (zimmerwarm)
40 g weißer Zucker
40 g brauner Zucker
1 Pck. Dr. Oetker Bourbon-Vanille-Zucker
1 Prise Salz
1 Ei (Größe M)
100 g Weizenmehl
1 gestr. TL Dr. Oetker Backin

FÜR DEN GUSS:
25 g Edelbitter-Schokolade (etwa 60 % Kakaoanteil)
einige Tropfen Speiseöl, z. B. Sonnenblumenkernöl

1. Zum Vorbereiten die weiße Schokolade in kleine Stückchen hacken.

2. Für den Teig Butter mit beiden Zuckersorten, Vanille-Zucker und Salz in eine Rührschüssel geben. Die Zutaten mit einem Mixer (Rührstäbe) zunächst kurz auf niedrigster, dann auf höchster Stufe schaumig schlagen. Das Ei hinzugeben und etwa 1 Minute unterschlagen.

3. Mehl mit Backpulver gut vermischen. Die Mehlmischung auf die Butter-Ei-Masse geben und mit einem Teigschaber unterheben. Zuletzt die vorbereiteten Schokoladenstückchen unterheben.

4. Den Backofen vorheizen.
Ober-/Unterhitze: etwa 180 °C
Heißluft: etwa 160 °C

5. Den Teig mit 2 Esslöffeln oder einem Eisportionierer in gleich großen, runden Häufchen auf ein Backblech (gefettet, mit Backpapier belegt) setzen, dabei genügend Abstand zwischen den Teighäufchen lassen. Die Teighäufchen mit einem in Wasser getauchten Löffel nur etwas flach drücken (der Teig läuft beim Backen noch etwas auseinander).

6. Das Backblech in den vorgeheizten Backofen schieben. Die Cookies **etwa 15 Minuten backen.**

7. Die Cookies mit dem Backpapier von dem Backblech auf einen Kuchenrost ziehen und erkalten lassen.

so sweet

8. Für den Guss die Schokolade in kleine Stücke brechen. Zwei Drittel davon mit dem Speiseöl in einem Topf im Wasserbad bei schwacher Hitze unter Rühren schmelzen. Den Topf aus dem Wasserbad nehmen und die restliche Schokolade darin unter Rühren schmelzen.

9. Die Schokolade in einen kleinen Gefrierbeutel füllen, den Beutel fest verschließen und eine kleine Ecke abschneiden. Die Cookies mit der Schokolade besprenkeln. Die Schokolade trocknen lassen.

Triple Chocolate Cookies

PRO STÜCK: E: 4 g, F: 19 g, Kh: 34 g, kJ: 1362, kcal: 326, BE: 3,0
ZUBEREITUNGSZEIT: 35 Minuten
BACKZEIT: 12–15 Minuten

ZUM VORBEREITEN:
100 g Zartbitter-Kuvertüre
75 g Vollmilch-Kuvertüre
75 g weiße Kuvertüre

FÜR DEN TEIG:
75 g Butter (zimmerwarm)
50 g brauner Zucker
1 Prise Salz
1 Ei (Größe M)
50 g Haselnusskrokant
90 g Weizenmehl
1 Msp. Natron
1 EL gesiebter Kakao zum Backen

1. Zum Vorbereiten Zartbitter-Kuvertüre in kleine Stücke hacken, in einem Topf im Wasserbad bei schwacher Hitze unter Rühren schmelzen. Vollmilch- und weiße Kuvertüre in kleine Stücke hacken und beiseitestellen.

2. Den Backofen vorheizen.
Ober-/Unterhitze: etwa 200 °C
Heißluft: etwa 180 °C

3. Für den Teig Butter mit braunem Zucker, Salz und geschmolzener Zartbitter-Kuvertüre in eine Rührschüssel geben. Die Zutaten mit einem Mixer (Rührstäbe) zunächst kurz auf niedrigster, dann auf höchster Stufe schaumig schlagen. Das Ei hinzugeben und etwa 1 Minute unterschlagen. Vollmilch-, weiße Kuvertürestückchen und die Hälfte von dem Haselnusskrokant mit einem Teigschaber unterheben.

4. Mehl mit Natron und Kakao gut vermischen. Die Mehl-Kakao-Mischung auf die Butter-Ei-Masse geben und mit dem Teigschaber unterheben.

5. Den Cookieteig mit 2 Esslöffeln oder einem Eisportionierer in gleich großen, runden Häufchen auf ein Backblech (gefettet, mit Backpapier belegt) setzen, dabei genügend Abstand zwischen den Teighäufchen lassen. Die Teighäufchen mit einem in Wasser getauchten Löffel zu flachen Cookies verstreichen. Die Cookies mit dem restlichen Haselnusskrokant bestreuen. Das Backblech in den vorgeheizten Backofen schieben. Die Triple Chocolate Cookies **12–15 Minuten backen.**

6. Die Cookies mit dem Backpapier von dem Backblech auf einen Kuchenrost ziehen und erkalten lassen.

die volle Schokowucht
Homemade
Cookies

Chocolate Peanut Cookies

PRO STÜCK: E: 4 g, F: 12 g, Kh: 28 g, kJ: 975, kcal: 233, BE: 2,5
ZUBEREITUNGSZEIT: 30 Minuten
BACKZEIT: 10–12 Minuten

ZUM VORBEREITEN:

40 g Erdnusskerne, ungesalzen
75 g Zartbitter-Kuvertüre

FÜR DEN TEIG:

50 g Butter (zimmerwarm)
1 geh. TL Peanut Butter, creamy oder crunchy (Erdnusscreme)
80 g brauner Zucker
40 g weißer Zucker
1 Pck. Dr. Oetker Bourbon-Vanille-Zucker
1 Ei (Größe S)
100 g Weizenmehl
1 Prise Salz
1 Prise Natron

1. Zum Vorbereiten die Erdnüsse und die Kuvertüre in grobe Stückchen hacken.

2. Den Backofen vorheizen.
Ober-/Unterhitze: etwa 180 °C
Heißluft: etwa 160 °C

3. Für den Teig Butter und Peanut Butter in eine Rührschüssel geben. Die Zutaten mit einem Mixer (Rührstäbe) auf höchster Stufe in etwa 3 Minuten schaumig schlagen. Beide Zuckersorten mit dem Vanille-Zucker mischen, nach und nach unterrühren. So lange rühren, bis eine gebundene Masse entstanden ist.

4. Das Ei hinzugeben und etwa 1 Minute unterschlagen. Mehl mit Salz und Natron gut vermischen. Die Mehlmischung auf die Butter-Peanut-Masse geben und mit einem Teigschaber unterheben. Zuletzt die vorbereiteten Erdnuss- und Kuvertürestückchen unterheben.

5. Den Teig mit 2 Esslöffeln oder einem Eisportionierer in gleich großen, runden Häufchen auf ein Backblech (gefettet, mit Backpapier belegt) setzen, dabei genügend Abstand zwischen den Teighäufchen lassen. Die Teighäufchen mit einem in Wasser getauchten Löffel zu flachen Cookies verstreichen. Das Backblech in den vorgeheizten Backofen schieben. Die Chocolate Peanut Cookies **10–12 Minuten backen.**

6. Die Chocolate Peanut Cookies mit dem Backpapier von dem Backblech auf einen Kuchenrost ziehen und erkalten lassen.

richtig schön „chewy“

Toffee Coffee Cookies

PRO STÜCK: E: 3 g, F: 12 g, Kh: 29, kJ: 1005, kcal: 241, BE: 2,5
ZUBEREITUNGSZEIT: 40 Minuten
BACKZEIT: etwa 15 Minuten

ZUM VORBEREITEN:

100 g Milchschokoladenpralinen mit feiner Toffeefüllung

FÜR DEN TEIG:

80 g Butter (zimmerwarm)
2 TL Instant-Kaffeepulver
80 g brauner Zucker
1 Prise Salz
1 Ei (Größe M)
150 g Weizenmehl
2 Msp. Natron

evtl. 1 EL geröstete Kaffeebohnen

1. Zum Vorbereiten die Pralinen vierteln.

2. Den Backofen vorheizen.
Ober-/Unterhitze: etwa 200 °C
Heißluft: etwa 180 °C

3. Für den Teig Butter mit Kaffeepulver, Zucker und Salz in eine Rührschüssel geben. Die Zutaten mit einem Mixer (Rührstäbe) zunächst kurz auf niedrigster, dann auf höchster Stufe schaumig schlagen. Das Ei hinzugeben und etwa 1 Minute unterschlagen.

4. Das Mehl mit dem Natron gut vermischen. Die Mehlmischung auf die Butter-Ei-Masse geben und mit einem Teigschaber unterheben. Anschließend die vorbereiteten Pralinenviertel unterheben.

5. Den Cookieteig mit 2 Esslöffeln oder einem Eisportionierer in gleich großen, runden Häufchen auf ein Backblech (gefettet, mit Backpapier belegt) setzen, dabei genügend Abstand zwischen den Teighäufchen lassen. Die Teighäufchen mit einem in Wasser getauchten Löffel zu flachen Cookies verstreichen.

6. Nach Belieben die Kaffeebohnen grob hacken und die Cookies damit bestreuen und leicht in den Teig drücken. Das Backblech in den vorgeheizten Backofen schieben. Die Toffee Coffee Cookies **etwa 15 Minuten backen.**

7. Die Cookies mit dem Backpapier von dem Backblech auf einen Kuchenrost ziehen und erkalten lassen.

Wachmacher

Schokostäubchen

PRO STÜCK: E: 3 g, F: 23 g, Kh: 38 g, kJ: 1540, kcal: 368, BE: 3,0
ZUBEREITUNGSZEIT: 40 Minuten
BACKZEIT: 10–15 Minuten

FÜR DEN TEIG:

150 g Butter (zimmerwarm)
120 g Puderzucker
2 Pck. Dr. Oetker Vanillin-Zucker
1 Ei (Größe M)
70 g Weizenmehl
2 Pck. Gala Pudding-Pulver Schokoladen-Geschmack
1 Msp. Dr. Oetker Backin
150 g Schoko-Tröpfchen

1. Den Backofen vorheizen.
Ober-/Unterhitze: etwa 200 °C
Heißluft: etwa 180 °C

2. Für den Teig Butter mit Zucker und Vanillin-Zucker in eine Rührschüssel geben. Die Zutaten mit einem Mixer (Rührstäbe) zunächst kurz auf niedrigster, dann auf höchster Stufe schaumig schlagen. Das Ei hinzugeben und etwa 1 Minute unterschlagen.

3. Mehl mit Pudding-Pulver und Backpulver gut vermischen. Die Mehlmischung auf die Butter-Ei-Masse geben und in 2 Portionen kurz auf mittlerer Stufe unterrühren. Zuletzt die Hälfte der Schoko-Tröpfchen mit einem Teigschaber unter den Teig heben.

4. Den Teig mit 2 Esslöffeln oder einem Eisportionierer in gleich großen, runden Häufchen auf ein Backblech (gefettet, mit Backpapier belegt) setzen, dabei genügend Abstand zwischen den Teighäufchen lassen. Die Teighäufchen mit einem in Wasser getauchten Löffel nur leicht flach drücken. Die Cookies mit den restlichen Schoko-Tröpfchen bestreuen, dann die Schoko-Tröpfchen leicht in den Teig drücken.

5. Das Backblech in den vorgeheizten Backofen schieben. Die Schokostäubchen **10–15 Minuten backen.**

6. Schokostäubchen mit dem Backpapier von dem Backblech auf einen Kuchenrost ziehen und erkalten lassen.

pures Schokoglück

Chili-Schoko-Cookies

PRO STÜCK: E: 4 g, F: 14 g, Kh: 26 g, kJ: 1010, kcal: 241, BE: 2,0
ZUBEREITUNGSZEIT: etwa 45 Minuten
BACKZEIT: 12–15 Minuten

ZUM VORBEREITEN:

1 kleine rote Chilischote

50 g Cashewkerne, geröstet und gesalzen

50 g Vollmilch-Schokolade (etwa 30 % Kakaoanteil)

FÜR DEN TEIG:

60 g Butter (zimmerwarm)

80 g brauner Zucker

1 Pck. Dr. Oetker Bourbon-Vanille-Zucker

1 Ei (Größe M)

100 g Weizenmehl

½ gestr. TL Dr. Oetker Backin

50 g Schoko-Tröpfchen

1. Zum Vorbereiten die Chilischote der Länge nach aufschneiden, entkernen, abspülen, abtropfen lassen und sehr fein hacken. Cashewkerne und Schokolade getrennt in kleine Stückchen hacken.

2. Den Backofen vorheizen.
Ober-/Unterhitze: etwa 200 °C
Heißluft: etwa 180 °C

3. Für den Teig Butter mit Zucker und Vanille-Zucker in einer Rührschüssel mit einem Mixer (Rührstäbe) zunächst kurz auf niedrigster, dann auf höchster Stufe schaumig schlagen. Das Ei etwa 1 Minute unterschlagen.

4. Mehl mit Backpulver mischen, Chilis, Cashews, Schokolade und Schoko-Tröpfchen daraufgeben und mit einem Teigschaber unterheben.

5. Den Teig mit 2 Esslöffeln oder einem Eisportionierer in gleich großen, runden Häufchen auf ein Backblech (gefettet, mit Backpapier belegt) setzen, dabei genügend Abstand zwischen den Teighäufchen lassen. Die Teighäufchen mit einem in Wasser getauchten Löffel zu flachen Cookies verstreichen. Die restlichen Schoko-Tröpfen daraufstreuen und leicht in den Teig drücken.

6. Das Backblech in den vorgeheizten Backofen schieben. Die Chili-Schoko-Cookies **12–15 Minuten backen.** Cookies mit dem Backpapier von dem Backblech auf einen Kuchenrost ziehen und erkalten lassen.

Tipps: Die Hände und Arbeitsgeräte nach dem Verarbeiten der Chilischoten gründlich waschen. Mit den Händen nicht in den Augen reiben.

Schokoglück mit feiner Schärfe

Crunchy Schoko-Cookies

PRO STÜCK: E: 7 g, F: 23 g, Kh: 29 g, kJ: 1463, kcal: 350, BE: 2,5
ZUBEREITUNGSZEIT: 40 Minuten, ohne Abkühlzeit
BACKZEIT: 15–18 Minuten

FÜR DEN SIRUP:

80 g Zucker
1 Pck. Dr. Oetker Vanillin-Zucker
30 g flüssiger Honig
3 EL Schlagsahne
60 g Butter

FÜR DEN TEIG:

je 50 g Pinienkerne, Cashewkerne und gestiftelte Mandeln
1 Eigelb (Größe M)
60 g Weizenmehl
30 g Speisestärke
½ TL Dr. Oetker Backin
10 g gesiebter Kakao zum Backen

ZUM GARNIEREN:

1 EL Pinienkerne
2 EL Cashewkerne
75 g Vollmilch-Schokolade

1. Für den Sirup Zucker, Vanillin-Zucker, Honig, Sahne und Butter in einem Topf unter gelegentlichem Rühren bei mittlerer Hitze zum Kochen bringen. Den Topf von der Kochstelle nehmen. Den Sirup abkühlen lassen.

2. Den Backofen vorheizen.
Ober-/Unterhitze: etwa 200 °C
Heißluft: etwa 180 °C

3. Für den Teig alle Kerne mit dem Eigelb unter den Sirup rühren. Mehl mit Speisestärke, Backpulver und Kakao gut vermischen und mit einem Teigschaber unterrühren.

4. Den Teig mit 2 Esslöffeln oder einem Eisportionierer in gleich großen, runden Häufchen auf ein Backblech (gefettet, mit Backpapier belegt) setzen, dabei genügend Abstand zwischen den Teighäufchen lassen (den Teig nicht verstreichen, er läuft beim Backen auseinander). Das Backblech in den vorgeheizten Backofen schieben. Die Schoko-Cookies **15–18 Minuten backen.**

5. Das Backblech auf einen Kuchenrost stellen. Die Schoko-Cookies darauf erkalten lassen (die Cookies werden erst beim Abkühlen fest).

6. Zum Garnieren in der Zwischenzeit Pinien- und Cashewkerne in einer Pfanne ohne Fett unter Wenden goldbraun rösten und auf einem Teller erkalten lassen.

7. Schokolade in kleine Stücke brechen und in einem Topf im Wasserbad bei schwacher Hitze unter Rühren schmelzen. Mit einem Teelöffel jeweils einen kleinen Klecks Schokolade auf jeden Cookie geben und mit einigen Kernen bestreuen. Schokolade trocknen lassen.

die krachen

Schoko-Orangen-Cookies

PRO STÜCK: E: 3 g, F: 16 g, Kh: 30 g, kJ: 1166, kcal: 279, BE: 2,5
ZUBEREITUNGSZEIT: 35 Minuten, ohne Abkühlzeit
BACKZEIT: 12–15 Minuten

ZUM VORBEREITEN:

½ Bio-Orange (unbehandelt, ungewachst)

100 g weiße Schokolade

FÜR DEN TEIG:

100 g Butter (zimmerwarm)
75 g brauner Zucker
1 Prise Salz
1 Ei (Größe M)
120 g Weizenmehl
1 Msp. Natron
1 gestr. TL gem. Kardamom

ZUM GARNIEREN:

50 g weiße Schokolade

1. Zum Vorbereiten von der halben Orange (heiß abgewaschen und abgetrocknet) die Schale fein abreiben. Weiße Schokolade in kleine Stückchen hacken.

2. Den Backofen vorheizen.
Ober-/Unterhitze: etwa 200 °C
Heißluft: etwa 180 °C

3. Für den Teig Butter mit Zucker, Salz und Orangenschale in eine Rührschüssel geben. Die Zutaten mit einem Mixer (Rührstäbe) zunächst kurz auf niedrigster, dann auf höchster Stufe schaumig schlagen. Das Ei hinzugeben und etwa 1 Minute unterschlagen.

4. Mehl mit Natron und Kardamom gut vermischen, auf die Butter-Ei-Masse geben und mit einem Teigschaber unterheben. Dann die Schokostückchen unterheben.

5. Den Teig mit 2 Esslöffeln oder einem Eisportionierer in gleich großen, runden Häufchen auf ein Backblech (gefettet, mit Backpapier belegt) setzen, dabei genügend Abstand lassen. Die Teighäufchen mit einem in Wasser getauchten Löffel zu flachen Cookies verstreichen. Das Backblech in den vorgeheizten Backofen schieben. Die Cookies **12–15 Minuten backen.**

6. Die Cookies mit dem Backpapier von dem Backblech auf einen Kuchenrost ziehen und erkalten lassen.

7. Zum Garnieren Schokolade in kleine Stückchen brechen. Zwei Drittel davon in einem Topf im Wasserbad bei schwacher Hitze unter Rühren schmelzen. Den Topf aus dem Wasserbad nehmen und die restliche Schokolade darin unter Rühren schmelzen.

wunderbar aromatisch

8. Die flüssige Schokolade in einen Einwegspritzbeutel oder Gefrierbeutel geben und eine kleine Ecke abschneiden. Schokolade als Gitter auf die Cookies spritzen. Schokolade trocknen lassen.

Sandwich-Minz-Cookies

PRO STÜCK: E: 4 g, F: 26 g, Kh: 43 g, kJ: 1760, kcal: 421, BE: 3,5
ZUBEREITUNGSZEIT: 50 Minuten, ohne Abkühlzeit
BACKZEIT: etwa 12 Minuten je Backblech

FÜR DEN TEIG:

125 g Butter (zimmerwarm)
125 g Zucker
1 Prise Salz
1 Ei (Größe M)
50 g Weizenmehl
50 g Kakao zum Backen
1 Msp. Hirschhornsalz
75 g klein gehackte Zartbitter-Kuvertüre

FÜR DIE FÜLLUNG:

100 g Pfefferminztaler (Fertigprodukt)
75 g Butter (zimmerwarm)
1 EL Puderzucker

ZUM GARNIEREN:

75 g Puderzucker
1–2 TL Wasser
etwas grüne Speisefarbe
evtl. 2–3 Tropfen Minzöl

1. Den Backofen vorheizen.
Ober-/Unterhitze: etwa 200 °C
Heißluft: etwa 180 °C

2. Für den Teig Butter mit Zucker und Salz in eine Rührschüssel geben. Die Zutaten mit einem Mixer (Rührstäbe) zunächst kurz auf niedrigster, dann auf höchster Stufe schaumig schlagen. Das Ei hinzugeben und etwa 1 Minute unterschlagen.

3. Mehl mit Kakao und Hirschhornsalz mischen, daraufsieben und mit einem Teigschaber unterheben. Kuvertürestückchen ebenfalls unterheben.

4. Den Cookieteig mit 2 Esslöffeln oder einem Eisportionierer in 16–18 gleich großen, runden Häufchen auf 2 Backbleche (gefettet, mit Backpapier belegt) setzen, dabei genügend Abstand zwischen den Teighäufchen lassen. Die Teighäufchen mit einem in Wasser getauchten Löffel zu flachen Cookies verstreichen. Die Backbleche nacheinander (bei Heißluft zusammen) in den vorgeheizten Backofen schieben. Die Cookies **etwa 12 Minuten je Backblech backen.**

5. Die Cookies mit dem Backpapier von den Backblechen auf Kuchenroste ziehen und erkalten lassen.

6. Für die Füllung die Pfefferminztaler in kleine Stücke schneiden. Die Pfefferminzstückchen mit der Butter und dem Puderzucker in einer Rührschüssel mit dem Mixer (Rührstäbe) zunächst kurz auf niedrigster, dann auf höchster Stufe schaumig schlagen. Die Hälfte der Cookies auf der Rückseite mit der Creme bestreichen. Jeweils einen zweiten Cookie daraufsetzen und leicht andrücken.

zum Afternoon Tea

7. Zum Garnieren Puderzucker mit Wasser glatt rühren, mit Speisefarbe zartgrün einfärben. Nach Belieben etwas Minzöl unterrühren. Den Zuckerguss mit einem Teelöffel auf die Cookies sprenkeln. Guss trocknen lassen.

Tipps: Die Cookies mit geraspelter Schokolade oder Kuvertüre garnieren. Die Füllung lässt sich gleichmäßig verteilen, wenn Sie sie in einen Gefrierbeutel geben, den Beutel gut verschließen, eine Ecke abschneiden und die Creme aufspritzen. Die Cookies sind in einer gut schließenden Dose, kühl und trocken gestellt, etwa 4 Tage haltbar.

Flocken-Cookies

PRO STÜCK: E: 4 g, F: 16 g, Kh: 31 g, kJ: 1217, kcal: 290, BE: 2,5
ZUBEREITUNGSZEIT: 20 Minuten
BACKZEIT: 20–25 Minuten

ZUM VORBEREITEN:

150 g weiße Schokolade

50 g Rosinen

FÜR DEN TEIG:

100 g Butter (zimmerwarm)

40 g Zucker

1 Prise Salz

1 gestr. TL Dr. Oetker Finesse Orangenschalen-Aroma

1 Ei (Größe M)

50 g Weizenmehl

100 g zarte 5-Korn-Getreideflocken, z. B. Hafer, Weizen, Roggen, Gerste, Dinkel

1. Zum Vorbereiten die Schokolade und Rosinen in feine Stückchen hacken.

2. Den Backofen vorheizen.
Ober-/Unterhitze: etwa 160 °C
Heißluft: etwa 140 °C

3. Für den Teig Butter mit Zucker, Salz und Aroma in eine Rührschüssel geben. Die Zutaten mit einem Mixer (Rührstäbe) zunächst kurz auf niedrigster, dann auf höchster Stufe schaumig schlagen.

4. Das Ei hinzugeben und etwa 1 Minute unterschlagen.

5. Die fein gehackte Schokolade und Rosinen mit dem Mehl und den 5-Korn-Getreideflocken gut vermischen. Die Mehl-Getreideflocken-Mischung auf die Butter-Ei-Masse geben und mit einem Teigschaber unterheben.

6. Den Cookieteig mit 2 Esslöffeln in gleich großen, runden Häufchen auf ein Backblech (gefettet, mit Backpapier belegt) setzen. Dabei genügend Abstand zwischen den Teighäufchen lassen.

7. Die Teighäufchen mit einem in Wasser getauchten Löffel zu flachen Cookies verstreichen. Das Backblech in den vorgeheizten Backofen schieben. Die Flocken-Cookies **20–25 Minuten backen.**

8. Das Backblech auf einen Kuchenrost stellen. Flocken-Cookies erkalten lassen.

Tipps: Garnieren Sie die Cookies mit geschmolzener Zartbitter-Schokolade und Schoko- und/oder Zuckerperlen.

statt Müsli

Wenn Sie keine 5-Korn-Flocken bekommen, können Sie stattdessen auch Hafer- oder Dinkel-Frühstücksflocken verwenden. Für kleinere Cookies den Teig mit Teelöffeln auf ein Backblech setzen und nicht verstreichen. Die Backzeit verkürzt sich dann um wenige Minuten.

Erdnuss-Cookies

PRO STÜCK: E: 5 g, F: 20 g, Kh: 30 g, kJ: 1361, kcal: 327, BE: 2,5
ZUBEREITUNGSZEIT: 35 Minuten, ohne Kühlzeit

FÜR DEN TEIG:
100 g Butterkekse
150 g Vollmilch-Kuvertüre
150 g weiße Kuvertüre
100 g Peanut Butter, crunchy (Erdnusscreme mit Stückchen)

1. Für den Teig die Butterkekse in einen Gefrierbeutel geben. Den Beutel fest verschließen und die Kekse mit einer Teigrolle fein zerbröseln.

2. Vollmilch-Kuvertüre in kleine Stücke hacken. Zwei Drittel davon in einem Topf im Wasserbad bei schwacher Hitze unter Rühren schmelzen. Den Topf aus dem Wasserbad nehmen und die restliche Kuvertüre darin unter Rühren schmelzen. Die weiße Kuvertüre getrennt davon auf die gleiche Weise schmelzen.

3. Die Hälfte der Keksbrösel und die Hälfte der Erdnusscreme unter die geschmolzene Vollmilch-Kuvertüre rühren. Die restlichen Keksbrösel und die restliche Erdnusscreme unter die weiße Kuvertüre rühren.

4. Ein Backblech oder Tablett (es soll in den Kühlschrank passen) an den Ecken leicht fetten und mit Backpapier belegen. Mit einem Esslöffel gleich große Kleckse der weißen Kuvertüre-Masse mit etwas Abstand auf das Backpapier geben. Anschließend die Vollmilch-Kuvertüre-Masse in die Mitte der Kleckse geben. Die weiße und die Vollmilch-Kuvertüre mit einem Löffelstiel vorsichtig so vermischen, dass eine leichte Marmorierung entsteht.

5. Das Backblech oder Tablett **etwa 10 Minuten in den Kühlschrank** stellen. Die Erdnuss-Cookies fest werden lassen.

Tipp: Sie können die gehackte Kuvertüre auch in 2 hitzebeständige Glas- oder Metallschüsseln geben und im vorgeheizten Backofen bei etwa 50 °C (Ober-/Unterhitze oder Heißluft) schmelzen. Dabei die Kuvertüre ab und zu umrühren.

„backfrei“

Polenta-Orangen-Cookies

PRO STÜCK: E: 2 g, F: 9 g, Kh: 22 g, kJ: 752, kcal: 180, BE: 2,0
ZUBEREITUNGSZEIT: 40 Minuten
BACKZEIT: etwa 15 Minuten

ZUM VORBEREITEN:

½ Bio-Orange (unbehandelt, ungewachst)

10 g Macadamia-Nusskerne, geröstet und gesalzen

FÜR DEN TEIG:

75 g Butter (zimmerwarm)
75 g brauner Zucker
1 Ei (Größe M)
75 g Polenta (Maisgrieß)
75 g Maismehl

1. Zum Vorbereiten von der Orange (heiß abgewaschen und abgetrocknet) die Schale fein abreiben. Die Nusskerne in grobe Stücke hacken.

2. Den Backofen vorheizen.
Ober-/Unterhitze: etwa 200 °C
Heißluft: etwa 180 °C

3. Für den Teig Butter mit Zucker und Orangenschale in eine Rührschüssel geben. Die Zutaten mit einem Mixer (Rührstäbe) zunächst kurz auf niedrigster, dann auf höchster Stufe schaumig schlagen. Das Ei hinzugeben und etwa 1 Minute unterschlagen.

4. Polenta mit Maismehl gut vermischen. Die Polenta-Maismehl-Mischung auf die Butter-Ei-Masse geben und mit einem Teigschaber unterheben. Anschließend die gehackten Nusskerne unterheben.

5. Den Cookieteig mit 2 Esslöffeln oder einem Eisportionierer in gleich großen, runden Häufchen auf ein Backblech (gefettet, mit Backpapier belegt) setzen, dabei genügend Abstand zwischen den Teighäufchen lassen. Die Teighäufchen mit einem in Wasser getauchten Löffel zu flachen Cookies verstreichen. Das Backblech in den vorgeheizten Backofen schieben. Die Polenta-Cookies **etwa 15 Minuten backen.**

6. Die Polenta-Cookies mit dem Backpapier von dem Backblech auf einen Kuchenrost ziehen und erkalten lassen.

mit Macadamias – glutenfrei

Cashew-Orangen-Cookies

PRO STÜCK: E: 4 g, F: 18 g, Kh: 31 g, kJ: 1264, kcal: 302, BE: 2,5
ZUBEREITUNGSZEIT: 40 Minuten
BACKZEIT: 12–15 Minuten

FÜR DEN CASHEW-ORANGEN-CRUNCH:

75 g Cashewkerne, geröstet und gesalzen

30 g Zucker

40 g Orangenmarmelade

1 Pck. Dr. Oetker Finesse Orangenschalen-Aroma

FÜR DEN TEIG:

120 g Butter (zimmerwarm)

75 g Zucker

1 Ei (Größe S)

150 g Weizenmehl

½ TL Dr. Oetker Backin

FÜR DEN BELAG:

8–9 Cashewkerne, geröstet und gesalzen

1. Für den Crunch die Cashewkerne grob hacken. Cashewkerne in eine Schüssel geben, mit Zucker, Marmelade und Aroma verrühren.

2. Den Backofen vorheizen.
Ober-/Unterhitze: etwa 180 °C
Heißluft: etwa 160 °C

3. Für den Teig Butter mit Zucker in eine Rührschüssel geben. Die Zutaten mit einem Mixer (Rührstäbe) zunächst kurz auf niedrigster, dann auch auf höchster Stufe schaumig schlagen. Das Ei hinzugeben und etwa 1 Minute unterschlagen.

4. Mehl mit Backpulver gut vermischen. Die Mehlmischung auf die Butter-Ei-Masse geben und mit einem Teigschaber unterheben.

5. Den Cookieteig mit 2 Esslöffeln oder einem Eisportionierer in gleich großen, runden Häufchen auf ein Backblech setzen, dabei genügend Abstand zwischen den Teighäufchen lassen. Die Teighäufchen mit einem in Wasser getauchten Löffel zu flachen Cookies verstreichen. In die Mitte der Cookies eine Vertiefung eindrücken.

6. Mit 2 Teelöffeln jeweils etwas von dem vorbereiteten Cashew-Orangen-Crunch in die Vertiefungen der Cookies geben und mit je einem Cashewkern belegen. Das Backblech in den vorgeheizten Backofen schieben. Die Cashew-Orangen-Cookies **12–15 Minuten backen.**

7. Die Cashew-Orangen-Cookies mit dem Backpapier von dem Backblech auf einen Kuchenrost ziehen. Cashew-Orangen-Cookies erkalten lassen.

fruity & crunchy

Tipp: Kleine Aufmerksamkeiten versüßen das Leben: Cookies haben genau die richtige Größe für (natürlich unbenutzte) CD-Hüllen aus Papier. Vielleicht noch ein Schleifchen drum und schon ist das Geschenk aus der eigenen Küche fertig.

Hafer-Nuss-Cookies

PRO STÜCK: E: 7 g, F: 18 g, Kh: 36 g, kJ: 1396, kcal: 333, BE: 3,0
ZUBEREITUNGSZEIT: 30 Minuten
BACKZEIT: 13–15 Minuten

ZUM VORBEREITEN:
30 g Cashewkerne
30 g ganze Haselnusskerne
30 g ganze Mandeln

FÜR DEN TEIG:
100 g Butter (zimmerwarm)
1 TL gem. Ingwer
125 g Zucker
1 Pck. Dr. Oetker Bourbon-Vanille-Zucker
1 Ei (Größe M)
75 g Weizenmehl
50 g Vollkorn-Weizenmehl
½ gestr. TL Salz
1 gestr. TL Natron
150 g zarte Haferflocken

1. Zum Vorbereiten Cashewkerne, Haselnusskerne und Mandeln in kleine Stückchen hacken.

2. Den Backofen vorheizen.
Ober-/Unterhitze: etwa 180 °C
Heißluft: etwa 160 °C

3. Für den Teig Butter, Ingwer, Zucker und Vanille-Zucker in eine Rührschüssel geben. Die Zutaten mit einem Mixer (Rührstäbe) zunächst kurz auf niedrigster, dann auf höchster Stufe in 6–8 Minuten weiß-schaumig schlagen. Das Ei etwa 2 Minuten unterschlagen.

4. Beide Mehlsorten mit Salz und Natron gut vermischen. Die Mehlmischung auf die Butter-Ei-Masse geben und mit einem Teigschaber unterheben. Cashewkerne mit Haselnusskernen, Mandeln und Haferflocken mischen und unter den Teig heben.

5. Aus dem Teig gleich große Portionen abstechen, zu Kugeln formen und auf ein Backblech (gefettet, mit Backpapier belegt) setzen. Dabei etwas Abstand zwischen den Kugeln lassen. Anschließend die Teigkugeln mit bemehlten Händen flach drücken.

6. Das Backblech in den vorgeheizten Backofen schieben. Die Hafer-Nuss-Cookies **13–15 Minuten backen.**

7. Hafer-Nuss-Cookies mit dem Backpapier von dem Backblech auf einen Kuchenrost ziehen und erkalten lassen.

dazu eine Tasse Grüner Tee

Kürbis-Orangen-Cookies

PRO STÜCK: E: 3 g, F: 15 g, Kh: 26 g, kJ: 1037, kcal: 248, BE: 2,0
ZUBEREITUNGSZEIT: 40 Minuten
BACKZEIT: etwa 15 Minuten

ZUM VORBEREITEN:

30 g Kürbiskerne

½ Pck. Dr. Oetker Finesse Orangenschalen-Aroma

FÜR DEN TEIG:

125 g Butter (zimmerwarm)

100 g Zucker

1 Pck. Dr. Oetker Vanillin-Zucker

1 Ei (Größe S)

100 g Weizenmehl

40 g Speisestärke

1 gestr. TL Dr. Oetker Backin

1. Zum Vorbereiten die Kürbiskerne im Blitzhacker oder mit einem Messer sehr fein hacken. Die gehackten Kürbiskerne mit dem Orangenschalen-Aroma mischen.

2. Für den Teig Butter mit Zucker und Vanillin-Zucker in eine Rührschüssel geben. Die Zutaten mit einem Mixer (Rührstäbe) zunächst kurz auf niedrigster, dann auf höchster Stufe schaumig schlagen. Das Ei hinzugeben und etwa 1 Minute unterschlagen.

3. Mehl mit Stärke und Backpulver gut vermischen. Die Mehlmischung auf die Butter-Ei-Masse geben und mit einem Teigschaber unterheben. Den Teig in 2 gleich große Portionen teilen.

4. Eine Teigportion in einem tiefen Teller verstreichen. Die Kürbiskern-Orangenschalen-Mischung unter den restlichen Teig rühren. Den Kürbisteig auf die Teighälfte in den Teller geben und glatt streichen.

5. Den Backofen vorheizen.
Ober-/Unterhitze: etwa 180 °C
Heißluft: etwa 160 °C

6. Von dem geschichteten Teig mit 2 Esslöffeln oder einem Eisportionierer gleich große Häufchen abstechen und auf ein Backblech (gefettet, mit Backpapier belegt) setzen, dabei genügend Abstand zwischen den Teighäufchen lassen. Die Teighäufchen mit einem in Wasser getauchten Löffel nur etwas flach streichen (der Teig läuft beim Backen noch auseinander).

7. Das Backblech in den vorgeheizten Backofen schieben. Die Kürbis-Orangen-Cookies **etwa 15 Minuten backen.**

8. Kürbis-Orangen-Cookies mit dem Backpapier von dem Backblech auf einen Kuchenrost ziehen und erkalten lassen.

Sirup-Nuss-Cookies

PRO STÜCK: E: 4 g, F: 12 g, Kh: 19 g, kJ: 842, kcal: 201, BE: 1,5
ZUBEREITUNGSZEIT: 40 Minuten, ohne Abkühlzeit
BACKZEIT: etwa 20 Minuten

ZUM VORBEREITEN:
100 g gem. Haselnusskerne

FÜR DEN BISKUITTEIG:
1 Ei (Größe M)
1 Eigelb (Größe M)
90 g Zucker
1 Pck. Dr. Oetker Vanillin-Zucker
1 Prise Salz
30 g brauner Zuckerrübensirup (Rübenkraut)
50 g Weizenmehl
1 gestr. TL Dr. Oetker Backin

ZUM BESTREUEN:
etwa 40 g gehobelte Haselnusskerne

Tipp: Für **Christmas Cookies** zusätzlich 1 gestrichenen Teelöffel Spekulatius- oder Lebkuchengewürz mit dem Mehl unter den Teig rühren.

1. Zum Vorbereiten die Haselnusskerne in einer Pfanne ohne Fett unter Wenden hellbraun rösten und auf einem Teller erkalten lassen.

2. Den Backofen vorheizen.
Ober-/Unterhitze: etwa 160 °C
Heißluft: etwa 140 °C

3. Für den Teig Ei und Eigelb mit einem Mixer (Rührstäbe) auf höchster Stufe in 1 Minute schaumig schlagen. Zucker mit Vanillin-Zucker und Salz mischen, in 1 Minute unter Rühren einstreuen. Den Sirup hinzufügen und dann noch etwa 2 Minuten schlagen.

4. Mehl mit Backpulver gut vermischen. Die Mehlmischung auf die Eimasse geben und kurz auf niedrigster Stufe unterrühren. Zuletzt die vorbereiteten Haselnusskerne mit einem Teigschaber unterheben.

5. Den Teig mit 2 Esslöffeln oder einem Eisportionierer in gleich großen, runden Häufchen auf ein Backblech (gefettet, mit Backpapier belegt) setzen, dabei genügend Abstand zwischen den Teighäufchen lassen. Die Teighäufchen mit einem in Wasser getauchten Löffel zu flachen Cookies verstreichen. Die Cookies mit den Haselnusskernen bestreuen. Das Backblech in den vorgeheizten Backofen schieben. Die Sirup-Nuss-Cookies **etwa 20 Minuten backen.**

6. Die Cookies mit dem Backpapier von dem Backblech auf einen Kuchenrost ziehen und erkalten lassen.

… und dazu einen Espresso

Banana Walnut Cookies

PRO STÜCK: E: 4 g, F: 18 g, Kh: 27 g, kJ: 1177, kcal: 281, BE: 2,0
ZUBEREITUNGSZEIT: 40 Minuten
BACKZEIT: etwa 15 Minuten

ZUM VORBEREITEN:

75 g Walnusskernhälften

50 g Bananenchips

75 g Bananenfruchtfleisch (vorbereitet gewogen)

2 EL Ahornsirup oder flüssiger Honig

FÜR DEN TEIG:

75 g Butter (zimmerwarm)

75 g brauner Zucker

1 Prise Salz

1 Ei (Größe M)

100 g Weizenmehl

2 Msp. Natron

ZUM GARNIEREN:

8–9 Walnusskernhälften

8–9 Bananenchips

1. Zum Vorbereiten Walnusskerne und Bananenchips in grobe Stücke hacken und beiseitestellen. Die Banane in kleine Stücke schneiden und mit dem Ahornsirup oder Honig verrühren.

2. Den Backofen vorheizen.
Ober-/Unterhitze: etwa 200 °C
Heißluft: etwa 180 °C

3. Für den Teig Butter mit Zucker und Salz in einer Rührschüssel mit einem Mixer (Rührstäbe) zunächst kurz auf niedrigster, dann auf höchster Stufe schaumig schlagen. Das Ei etwa 1 Minute unterschlagen.

4. Mehl mit Natron vermischen und mit einem Teigschaber unterheben. Gehackte Walnüsse, Bananenchips und die Bananenstückchen mit dem Sirup oder Honig unterheben.

5. Den Cookieteig mit 2 Esslöffeln oder einem Eisportionierer in gleich großen, runden Häufchen auf ein Backblech (gefettet, mit Backpapier belegt) setzen, dabei genügend Abstand zwischen den Teighäufchen lassen. Die Teighäufchen mit einem in Wasser getauchten Löffel zu flachen Cookies verstreichen. Jeden Cookie mit je einer Walnusskernhälfte und einem Bananenchip belegen. Das Backblech in den vorgeheizten Backofen schieben. Banana Walnut Cookies **etwa 15 Minuten backen.**

6. Banana Walnut Cookies mit dem Backpapier von dem Backblech auf einen Kuchenrost ziehen und erkalten lassen.

Tipp: Die Cookies sind in gut schließenden Dosen, kühl und trocken gestellt, etwa 5 Tage haltbar.

unschlagbares Dreamteam

Salzig-süße Macadamia-Cookies

PRO STÜCK: E: 4 g, F: 16 g, Kh: 24 g, kJ: 1088, kcal: 260, BE: 2,0
ZUBEREITUNGSZEIT: 25 Minuten
BACKZEIT: 12–15 Minuten

ZUM VORBEREITEN:

75 g Zartbitter-Schokolade (etwa 50 % Kakaoanteil)

50 g Macadamia-Nusskerne, geröstet und gesalzen

FÜR DEN TEIG:

80 g Butter (zimmerwarm)
75 g Zucker
1 Pck. Dr. Oetker Vanillin-Zucker
1 Ei (Größe S)
125 g Weizenmehl
1 gestr. TL Dr. Oetker Backin
20 g Speisestärke
10 g gesiebter Kakao zum Backen

etwas grobes Salz zum Bestreuen, z. B. Fleur de Sel

1. Zum Vorbereiten Schokolade und Macadamia-Nusskerne in gröbere Stücke hacken.

2. Den Backofen vorheizen.
Ober-/Unterhitze: etwa 180 °C
Heißluft: etwa 160 °C

3. Für den Teig Butter mit Zucker und Vanillin-Zucker in eine Rührschüssel geben. Die Zutaten mit einem Mixer (Rührstäbe) zunächst kurz auf niedrigster, dann auf höchster Stufe schaumig schlagen. Das Ei hinzugeben und etwa 1 Minute unterschlagen.

4. Mehl mit Backpulver, Speisestärke und Kakao gut vermischen. Die Mehl-Kakao-Mischung auf die Butter-Ei-Masse geben und mit einem Teigschaber unterheben. Zuletzt Schokolade und Nusskerne unterheben.

5. Den Teig mit 2 Esslöffeln oder einem Eisportionierer in gleich großen, runden Häufchen auf ein Backblech (gefettet, mit Backpapier belegt) setzen, dabei genügend Abstand zwischen den Teighäufchen lassen. Die Teighäufchen mit einem in Wasser getauchten Löffel zu flachen Cookies verstreichen. Die Cookies mit etwas Salz bestreuen. Das Backblech in den vorgeheizten Backofen schieben. Die Macadamia-Cookies **12–15 Minuten backen.**

6. Das Backblech auf einen Kuchenrost stellen. Die Macadamia-Cookies darauf erkalten lassen.

wenn's draußen dauerregnet

Macadamia-Cookies

PRO STÜCK: E: 4 g, F: 22 g, Kh: 22 g, kJ: 1263, kcal: 302, BE: 2,0
ZUBEREITUNGSZEIT: 25 Minuten
BACKZEIT: etwa 15 Minuten

ZUM VORBEREITEN:

70 g Vollmilch-Schokolade (etwa 50 % Kakaoanteil)

100 g Macadamia-Nusskerne, ungesalzen

FÜR DEN TEIG:

100 g Butter (zimmerwarm)
50 g brauner Zucker
1 Prise Salz
1 Pck. Dr. Oetker Bourbon-Vanille-Zucker
1 Ei (Größe S)
125 g Weizenmehl
1 gestr. TL Dr. Oetker Backin

1. Zum Vorbereiten die Schokolade und die Nusskerne in grobe Stücke hacken (nicht zu fein, kleinere Nusskerne ganz lassen).

2. Den Backofen vorheizen.
Ober-/Unterhitze: etwa 180 °C
Heißluft: etwa 160 °C

3. Für den Teig Butter in eine Rührschüssel geben und mit einem Mixer (Rührstäbe) etwa 2 Minuten schaumig schlagen. Zucker, Salz und Vanille-Zucker unterrühren. Das Ei hinzugeben und etwa 1 Minute unterschlagen.

4. Mehl mit Backpulver gut vermischen. Die Mehlmischung auf die Butter-Ei-Masse geben und mit einem Teigschaber unterheben. Zuletzt die vorbereitete Schokolade und die Nusskerne unterheben.

5. Den Teig mit 2 Esslöffeln oder einem Eisportionierer in gleich großen, runden Häufchen auf ein Backblech (gefettet, mit Backpapier belegt) setzen, dabei genügend Abstand zwischen den Teighäufchen lassen. Die Teighäufchen mit einem in Wasser getauchten Löffel nur leicht flach drücken.

6. Das Backblech in den vorgeheizten Backofen schieben. Macadamia-Cookies **etwa 15 Minuten backen.**

7. Die Macadamia-Cookies mit dem Backpapier von dem Backblech auf einen Kuchenrost ziehen und erkalten lassen.

Tipp: Gesalzene Macadamianüsse können Sie mit warmem Wasser abspülen, mit Küchenpapier trocken tupfen und dann wie angegeben weiterverarbeiten.

Nüsse sind ja so gesund ...

Cashew-Cookies

PRO STÜCK: E: 5 g, F: 16 g, Kh: 23 g, kJ: 1072, kcal: 256, BE: 2,0
ZUBEREITUNGSZEIT: 30 Minuten
BACKZEIT: 12–15 Minuten

ZUM VORBEREITEN:
75 g Cashewkerne

FÜR DEN TEIG:
100 g Butter (zimmerwarm)
50 g brauner Zucker
25 g flüssiger Honig
1 Prise Salz
1–2 Msp. Cayennepfeffer
1 Ei (Größe S)
150 g Weizenmehl
1 Msp. Dr. Oetker Backin

FÜR DEN BELAG:
8–9 Cashewkerne
1 Eiweiß (Größe S)
1 Prise Salz

1. Zum Vorbereiten die Cashewkerne in feine Stückchen hacken.

2. Den Backofen vorheizen.
Ober-/Unterhitze: etwa 180 °C
Heißluft: etwa 160 °C

3. Für den Teig Butter mit Zucker, Honig, Salz und Cayennepfeffer in eine Rührschüssel geben. Die Zutaten mit einem Mixer (Rührstäbe) zunächst kurz auf niedrigster, dann auf höchster Stufe schaumig schlagen. Das Ei hinzugeben und etwa 1 Minute unterschlagen.

4. Mehl mit Backpulver und den gehackten Cashewkernen gut vermischen. Die Mehl-Nuss-Mischung auf die Butter-Ei-Masse geben und mit einem Teigschaber unterheben.

5. Den Teig mit 2 Esslöffeln oder einem Eisportionierer in gleich großen, runden Häufchen auf ein Backblech (gefettet, mit Backpapier belegt) setzen, dabei genügend Abstand zwischen den Teighäufchen lassen. Die Teighäufchen mit einem in Wasser getauchten Löffel zu flachen Cookies verstreichen.

6. Für den Belag jeden Cookie mit einem Cashewkern belegen und diesen leicht in den Teig drücken. Eiweiß mit Salz verschlagen. Cookies und Cashewkerne damit bestreichen. Das Backblech in den vorgeheizten Backofen schieben. Cashew-Cookies **12–15 Minuten backen**.

7. Die Cashew-Cookies mit dem Backpapier vom Backblech auf einen Kuchenrost ziehen und erkalten lassen.

Tipp: Anstelle von Cashewkernen können Sie auch abgezogene ganze Mandeln verwenden.

Pinienkern-Cookies

PRO STÜCK: E: 6 g, F: 23 g, Kh: 29 g, kJ: 1440, kcal: 344, BE: 2,5
ZUBEREITUNGSZEIT: 35 Minuten, ohne Abkühlzeit
BACKZEIT: 15–20 Minuten

ZUM VORBEREITEN:
100 g Pinienkerne
170 g weiße Schokolade

FÜR DEN TEIG:
100 g Butter (zimmerwarm)
40 g Zucker
1 Prise Salz
1 Ei (Größe M)
130 g Weizenmehl
1 Msp. Natron

1. Zum Vorbereiten Pinienkerne in einer Pfanne ohne Fett unter Wenden goldbraun rösten und auf einem Teller erkalten lassen. Schokolade in grobe Stückchen hacken.

2. Den Backofen vorheizen.
Ober-/Unterhitze: etwa 160 °C
Heißluft: etwa 140 °C

3. Für den Teig Butter mit Zucker und Salz in eine Rührschüssel geben. Die Zutaten mit einem Mixer (Rührstäbe) zunächst kurz auf niedrigster, dann auf höchster Stufe schaumig schlagen. Das Ei hinzugeben und etwa 1 Minute unterschlagen.

4. Mehl mit Natron gut vermischen. Die Mehlmischung auf die Butter-Ei-Masse geben und mit einem Teigschaber unterheben. Zuletzt geröstete Pinienkerne (1–2 Esslöffel beiseitelegen) und gehackte Schokolade unterheben.

5. Den Teig mit 2 Esslöffeln oder einem Eisportionierer in gleich großen, runden Häufchen auf ein Backblech (gefettet, mit Backpapier belegt) setzen, dabei genügend Abstand zwischen den Teighäufchen lassen. Die Teighäufchen mit einem in Wasser getauchten Löffel zu flachen Cookies verstreichen.

6. Die Cookies mit den restlichen Pinienkernen bestreuen, dabei die Kerne evtl. leicht in den Teig drücken. Das Backblech in den vorgeheizten Backofen schieben. Die Cookies **15–20 Minuten backen**.

7. Die Cookies mit dem Backpapier von dem Backblech auf einen Kuchenrost ziehen und erkalten lassen.

Tipps: Zusätzlich ½ Teelöffel getrocknete grüne Pfefferkörner in einem Mörser zerstoßen und unter den Teig rühren. Pinienkerne sind relativ teuer. Sie können Sie durch gestiftelte Mandeln ersetzen.

Möhren-Kokos-Cookies

PRO STÜCK: E: 2 g, F: 24 g, Kh: 40 g, kJ: 1595, kcal: 381, BE: 3,5
ZUBEREITUNGSZEIT: 45 Minuten, ohne Abkühlzeit
BACKZEIT: 20–25 Minuten

ZUM VORBEREITEN:

150 g Möhren
6 EL Wasser

FÜR DEN TEIG:

75 g Weizenmehl
1 gestr. TL Dr. Oetker Backin
100 g Zucker
1 Pck. Dr. Oetker Vanillin-Zucker
1 TL Dr. Oetker Finesse Orangenschalen-Aroma
80 g Kokosraspel
1 Eigelb (Größe M)
125 g Kokosfett (zimmerwarm)

FÜR DAS ORANGEN-KOKOS-TOPPING:

3 EL Orangensaft
1 TL Dr. Oetker Finesse Orangenschalen-Aroma
1 TL Zitronensaft
20 g Kokosfett (zimmerwarm)
150 g Puderzucker

1. Zum Vorbereiten Möhren putzen, schälen, abspülen und in Scheiben schneiden, mit Wasser zugedeckt in einem Topf zum Kochen bringen und bei schwacher Hitze (ohne Deckel) etwa 10 Minuten dünsten. Möhren so lange dünsten lassen, bis die Flüssigkeit verdampft ist. Anschließend die Möhren pürieren oder durch ein Sieb streichen und abkühlen lassen (ergibt etwa 100 g Möhrenpüree).

2. Den Backofen vorheizen.
Ober-/Unterhitze: etwa 160 °C
Heißluft: etwa 140 °C

3. Für den Teig Mehl mit Backpulver mischen und in eine Rührschüssel geben. Die restlichen Zutaten und das Möhrenpüree hinzufügen. Die Zutaten mit einem Mixer (Rührstäbe) zunächst kurz auf niedrigster, dann auf höchster Stufe in etwa 2 Minuten zu einem Teig verarbeiten.

4. Den Teig mit 2 Esslöffeln oder einem Eisportionierer in gleich großen, runden Häufchen auf ein Backblech (mit Backpapier belegt) setzen, dabei genügend Abstand lassen. Die Teighäufchen mit einem Löffel flach drücken, dabei den Löffel immer wieder in Mehl tauchen. Das Backblech in den vorgeheizten Backofen schieben. Die Möhren-Kokos-Cookies **20–25 Minuten backen.**

5. Die Möhren-Kokos-Cookies mit dem Backpapier von dem Backblech auf Kuchenroste ziehen und erkalten lassen.

6. Für das Orangen-Kokos-Topping alle Zutaten in einem hohen Rührbecher mit dem Mixer (Rührstäbe) auf höchster Stufe etwa 1 Minute aufschlagen. Das Topping auf den Cookies verteilen und mit einem Löffel verstreichen. Topping trocknen lassen.

mit Topping

Haselnuss-Cookies

PRO STÜCK: E: 8 g, F: 32 g, Kh: 16 g, kJ: 1599, kcal: 382, BE: 1,5
ZUBEREITUNGSZEIT: 25 Minuten, ohne Abkühlzeit
BACKZEIT: 15–18 Minuten

FÜR DEN TEIG:

75 g Butter (zimmerwarm)

75 g feiner brauner Zucker (Kandisfarin)

1 Pck. Dr. Oetker Bourbon-Vanille-Zucker

1 Prise Salz

1 Ei (Größe M)

50 g Weizenmehl

½ TL Dr. Oetker Backin

75 g gem. Haselnusskerne

250 g abgezogene ganze Haselnusskerne

evtl. etwas Puderzucker zum Bestäuben

1. Den Backofen vorheizen.
Ober-/Unterhitze: etwa 180 °C
Heißluft: etwa 160 °C

2. Für den Teig Butter mit einem Mixer (Rührstäbe) auf höchster Stufe geschmeidig rühren. Nach und nach Zucker, Vanille-Zucker und Salz unterrühren. So lange rühren, bis eine gebundene Masse entstanden ist und sich der Zucker fast aufgelöst hat.

3. Das Ei etwa 1 Minute unterschlagen.

4. Mehl mit Backpulver und gemahlenen Haselnusskernen gut vermischen. Die Mehl-Nuss-Mischung auf mittlerer Stufe kurz unterrühren. Die ganzen Haselnusskerne mit einem Teigschaber kurz unter den Teig heben.

5. Den Teig mit 2 Esslöffeln oder einem Eisportionierer in gleich großen, runden Häufchen auf ein Backblech (gefettet, mit Backpapier belegt) setzen, dabei genügend Abstand lassen. Die Teighäufchen mit einem in Wasser getauchten Löffel zu flachen Cookies verstreichen.

6. Das Backblech in den vorgeheizten Backofen schieben. Die Haselnuss-Cookies **15–18 Minuten backen.**

7. Die Haselnuss-Cookies mit dem Backpapier von dem Backblech auf einen Kuchenrost ziehen und erkalten lassen. Die Haselnuss-Cookies nach Belieben mit Puderzucker bestäuben.

Glücksgefühle garantiert

Tipps: Wenn Sie keine fertig geschälten Haselnusskerne bekommen, verteilen Sie etwa 300 g Haselnusskerne auf einem Backblech und schieben das Backblech in den vorgeheizten Backofen (Ober-/Unterhitze etwa 160 °C, Heißluft etwa 140 °C). Die Haselnusskerne etwa 20 Minuten rösten, bis die braune Haut aufplatzt. Die Haselnusskerne anschließend auf ein Geschirrtuch geben, etwas abkühlen lassen und die braune Haut mit dem Geschirrtuch abreiben. Nusskerne, die sich nicht abziehen lassen, aussortieren oder nochmals rösten. 250 g der Haselnusskerne für das Rezept abwiegen. Die Cookies schmecken auch mit Cashew- oder Macadamia-Nusskernen sehr sehr lecker.

Apple Cookies (Vorwort-Rezept)

PRO STÜCK: E: 4 g, F: 11 g, Kh: 22 g, kJ: 864, kcal: 206, BE: 2,0
ZUBEREITUNGSZEIT: 40 Minuten
BACKZEIT: etwa 15 Minuten

ZUM VORBEREITEN:
1 halber Apfel (etwa 100 g)
2 EL Zitronensaft

FÜR DEN TEIG:
75 g Butter (zimmerwarm)
80 g brauner Zucker
1 Prise Salz
1 Ei (Größe M)
80 g Weizenmehl
1 Msp. Natron
2 EL kernige Haferflocken
50 g geröstete, gestiftelte Mandeln
25 g getrocknete Cranberrys

1. Zum Vorbereiten die Apfelhälfte (abgespült und abgetrocknet) schälen, halbieren und entkernen. Dann in ½ cm breite Stifte schneiden, mit Zitronensaft beträufeln.

2. Den Backofen vorheizen.
Ober-/Unterhitze: etwa 200 °C
Heißluft: etwa 180 °C

3. Für den Teig Butter mit Zucker und Salz in einer Rührschüssel mit einem Mixer (Rührstäbe) zunächst kurz auf niedrigster, dann auf höchster Stufe schaumig schlagen. Das Ei etwa 1 Minute unterschlagen.

4. Mehl mit Natron, Haferflocken, Mandeln, Cranberrys und Äpfeln mischen, daraufgeben und unterheben.

5. Den Teig mit 2 Esslöffeln oder einem Eisportionierer in gleich großen, runden Häufchen auf ein Backblech (gefettet, mit Backpapier belegt) setzen, dabei genügend Abstand lassen. Die Teighäufchen mit einem in Wasser getauchten Löffel zu flachen Cookies verstreichen. Das Backblech in den vorgeheizten Backofen schieben. Die Apple Cookies **etwa 15 Minuten backen.**

6. Die Apple Cookies mit dem Backpapier von dem Backblech auf einen Kuchenrost ziehen und erkalten lassen.

Tipps: Die Cookies sind etwa 5 Tage haltbar. Verschenken Sie die **Cookies als Backmischung** (Vorwort-Foto): Die trockenen Zutaten nacheinander evtl. mit einem Trichter in eine Glasflasche schichten. Restliche Zutaten auf einen Anhänger schreiben und mit dem Rezept dazulegen.

an apple a day ...

Sesam-Ananas-Cookies

PRO STÜCK: E: 4 g, F: 12 g, Kh: 27 g, kJ: 964, kcal: 231, BE: 2,0
ZUBEREITUNGSZEIT: 35 Minuten
BACKZEIT: 12–15 Minuten

ZUM VORBEREITEN:

100 g getrocknete, gesüßte Ananasstücke

FÜR DEN TEIG:

80 g Butter (zimmerwarm)
80 g Zucker
1 Prise Salz
1 Ei (Größe M)
110 g Dinkelmehl (Type 630)
1 Msp. Natron
4 EL Sesamsamen, geschält

1. Zum Vorbereiten die Ananasstücke in noch kleinere, etwa 8 mm dicke, Stücke schneiden.

2. Den Backofen vorheizen.
Ober-/Unterhitze: etwa 200 °C
Heißluft: etwa 180 °C

3. Für den Teig Butter mit Zucker und Salz in eine Rührschüssel geben. Die Zutaten mit einem Mixer (Rührstäbe) zunächst kurz auf niedrigster, dann auf höchster Stufe schaumig schlagen. Das Ei hinzugeben und etwa 1 Minute unterschlagen.

4. Das Dinkelmehl mit Natron und 3 Esslöffeln von dem Sesamsamen gut vermischen. Die Mehl-Sesam-Mischung auf die Butter-Ei-Masse geben und mit einem Teigschaber unterheben.

5. Den Cookieteig mit 2 Esslöffeln oder einem Eisportionierer in gleich großen, runden Häufchen auf ein Backblech (gefettet, mit Backpapier belegt) setzen, dabei genügend Abstand zwischen den Teighäufchen lassen. Die Teighäufchen mit einem in Wasser getauchten Löffel zu flachen Cookies verstreichen. Die Cookies mit dem restlichen Sesamsamen bestreuen. Das Backblech in den vorgeheizten Backofen schieben. Die Sesam-Ananas-Cookies **12–15 Minuten backen.**

6. Die Sesam-Ananas-Cookies mit dem Backpapier von dem Backblech auf einen Kuchenrost ziehen. Sesam-Ananas-Cookies erkalten lassen.

fein & fruchtig

Nuss-Pflaumen-Cookies

PRO STÜCK: E: 4 g, F: 18 g, Kh: 20 g, kJ: 1085, kcal: 259, BE: 1,5
ZUBEREITUNGSZEIT: 35 Minuten
BACKZEIT: 12–15 Minuten

ZUM VORBEREITEN:
100 g getrocknete Soft-Pflaumen

FÜR DEN TEIG:
80 g Butter (zimmerwarm)
80 g brauner Zucker
1 Prise Salz
1 Ei (Größe M)
50 g Dinkelmehl (Type 630)
50 g gem. Haselnusskerne
75 g geröstete, gehackte Haselnusskerne
½ TL gem. Zimt
1 Msp. Natron

1. Zum Vorbereiten die Soft-Pflaumen in ½ cm dicke Scheiben schneiden.

2. Den Backofen vorheizen.
Ober-/Unterhitze: etwa 200 °C
Heißluft: etwa 180 °C

3. Für den Teig Butter mit Zucker und Salz in eine Rührschüssel geben. Die Zutaten mit einem Mixer (Rührstäbe) zunächst kurz auf niedrigster, dann auf höchster Stufe schaumig schlagen. Das Ei hinzugeben und etwa 1 Minute unterschlagen. Zum Schluss die vorbereiteten Pflaumen kurz unterrühren.

4. Das Dinkelmehl mit den gemahlenen und gehackten Nusskernen, Zimt sowie dem Natron gut vermischen. Die Mehl-Nuss-Mischung auf die Butter-Ei-Masse geben und mit einem Teigschaber unterheben.

5. Den Cookieteig mit 2 Esslöffeln oder einem Eisportionierer in gleich großen, runden Häufchen auf ein Backblech (gefettet, mit Backpapier belegt) setzen, dabei genügend Abstand zwischen den Teighäufchen lassen. Die Teighäufchen mit einem in Wasser getauchten Löffel zu flachen Cookies verstreichen. Das Backblech in den vorgeheizten Backofen schieben. Die Nuss-Pflaumen-Cookies **12–15 Minuten backen.**

6. Die Cookies mit dem Backpapier von dem Backblech auf einen Kuchenrost ziehen und erkalten lassen.

eine wahre Wonne

Kokos-Mango-Cookies

PRO STÜCK: E: 3 g, F: 15 g, Kh: 20 g, kJ: 933, kcal: 223, BE: 1,5
ZUBEREITUNGSZEIT: 30 Minuten, ohne Quellzeit
BACKZEIT: 15–20 Minuten

ZUM VORBEREITEN:

50 g getrocknete Mangostücke
1 Bio-Zitrone (unbehandelt, ungewachst)
3 EL Wasser
80 g Kokosraspel

FÜR DEN TEIG:

80 g Butter (zimmerwarm)
70 g Zucker
1 Prise Salz
1 Ei (Größe M)
80 g Weizenmehl
½ TL Dr. Oetker Backin

1. Zum Vorbereiten die Mangostücke in etwa ½ cm breite Streifen schneiden. Zitrone heiß abwaschen, abtrocknen und die Schale fein abreiben. Die Zitrone halbieren und den Saft auspressen. 1–2 Esslöffel davon mit der Schale und dem Wasser in einem kleinen Topf erhitzen. Mangostreifen 15 Minuten darin quellen lassen, dann fein hacken und mit den Kokosraspeln vermischen.

2. Den Backofen vorheizen.
Ober-/Unterhitze: etwa 180 °C
Heißluft: etwa 160 °C

3. Für den Teig Butter mit Zucker und Salz in einer Rührschüssel mit einem Mixer (Rührstäbe) zunächst kurz auf niedrigster, dann auf höchster Stufe schaumig schlagen. Das Ei etwa 1 Minute unterschlagen. Mehl mit Backpulver mischen, mit der Mango-Kokos-Mischung dazugeben und mit dem Mixer (Rührstäbe) unterrühren.

4. Den Teig mit 2 Esslöffeln oder einem Eisportionierer in gleich großen, runden Häufchen auf ein Backblech (gefettet, mit Backpapier belegt) setzen, dabei genügend Abstand lassen. Die Häufchen mit einem in Wasser getauchten Löffel zu flachen Cookies verstreichen. Das Backblech in den vorgeheizten Backofen schieben. Kokos-Mango-Cookies **15–20 Minuten backen**. Das Backblech auf einen Kuchenrost stellen. Die Cookies darauf erkalten lassen.

Tipps: Wer die Cookies noch exotischer abschmecken möchte, rührt zusätzlich 2 gestrichene Teelöffel Currypulver mit dem Mehl unter den Teig. Die Cookies werden dann schön gelb (im Foto ganz vorne).

exotische Gaumenfreude

Cookiepizza 1 Riesencookie (12 Stücke)

PRO STÜCK: E: 5 g, F: 15 g, Kh: 25 g, kJ: 1081, kcal: 258, BE: 2,0
ZUBEREITUNGSZEIT: 40 Minuten, ohne Abkühlzeit
BACKZEIT: etwa 20 Minuten

ZUM VORBEREITEN:

75 g weiße Kuvertüre

FÜR DEN TEIG:

100 g Butter (zimmerwarm)
100 g brauner Zucker
1 Prise Salz
1 Ei (Größe M)
100 g Weizenmehl
1 Msp. Natron
100 g gehackte Mandeln

FÜR DEN BELAG:

25 g gehackte Pistazienkerne
100 g getrocknete Soft-Aprikosen
75 g Wild-Preiselbeeren (aus dem Glas)

1. Zum Vorbereiten die weiße Kuvertüre in kleine Stückchen hacken. Auf einem Stück Backpapier einen Kreis (Ø 30 cm) aufzeichnen. Ein Backblech leicht fetten. Das Backpapier mit der markierten Seite nach unten darauflegen und leicht andrücken.

2. Den Backofen vorheizen.
Ober-/Unterhitze: etwa 200 °C
Heißluft: etwa 180 °C

3. Für den Teig Butter mit Zucker und Salz in einer Rührschüssel mit einem Mixer (Rührstäbe) zunächst kurz auf niedrigster, dann auf höchster Stufe schaumig schlagen. Das Ei etwa 1 Minute unterschlagen.

4. Mehl mit Natron und gehackten Mandeln mischen, auf die Butter-Ei-Masse geben und unterheben.

5. Den Cookieteig mit einem Esslöffel gleichmäßig auf dem Backblech innerhalb des vorgezeichneten Kreises verstreichen. Die Cookiepizza mit den Pistazien bestreuen und mit den Aprikosen belegen. Die Preiselbeeren in kleinen Klecksen auf dem Teig verteilen.

6. Das Backblech in den vorgeheizten Backofen schieben. Die Cookiepizza etwa **20 Minuten backen.**

7. Das Backblech auf einen Kuchenrost stellen. Die Pizza etwa 5 Minuten stehen lassen. Dann sofort die Kuvertüre daraufstreuen. Pizza mit dem Backpapier von dem Backblech auf einen Kuchenrost ziehen und erkalten lassen.

8. Zum Servieren die Cookiepizza wie eine Pizza in Stücke schneiden.

bella Italia

Mohn-Limetten-Cookies

PRO STÜCK: E: 5 g, F: 14 g, Kh: 33 g, kJ: 1178, kcal: 282, BE: 2,5
ZUBEREITUNGSZEIT: 50 Minuten, ohne Abkühlzeit
BACKZEIT: 12–15 Minuten

ZUM VORBEREITEN:

50 g Mohnsamen
75 ml Milch (1,5 % Fett)
1 EL Zucker
1 Bio-Limette (unbehandelt, ungewachst)

FÜR DEN TEIG:

80 g Butter (zimmerwarm)
80 g Zucker
1 Prise Salz
1 Ei (Größe M)
100 g Weizenmehl
50 g nicht abgezogene, gem. Mandeln
1 Msp. Natron

FÜR DEN GUSS:

100 g Puderzucker

1. Zum Vorbereiten Mohnsamen mit Milch und Zucker in einem kleinen Topf unter Rühren aufkochen. Anschließend bei schwacher Hitze unter Rühren köcheln lassen bis die Milch verdampft ist. Die Mohnmasse abkühlen lassen.

2. Limette heiß abwaschen und abtrocknen. Die Schale fein abreiben. Limette halbieren und den Saft auspressen.

3. Den Backofen vorheizen.
Ober-/Unterhitze: etwa 200 °C
Heißluft: etwa 180 °C

4. Für den Teig Butter mit Zucker, Limettenschale und Mohnmasse in einer Rührschüssel mit einem Mixer (Rührstäbe) zunächst kurz auf niedrigster, dann auf höchster Stufe schaumig schlagen. Das Ei etwa 1 Minute unterschlagen. Mehl mit Mandeln und Natron mischen, daraufgeben und mit einem Teigschaber unterheben.

5. Den Teig mit 2 Esslöffeln oder einem Eisportionierer in gleich großen, runden Häufchen auf ein Backblech (gefettet, mit Backpapier belegt) setzen, dabei genügend Abstand zwischen den Teighäufchen lassen. Dann mit einem in Wasser getauchten Löffel zu flachen Cookies verstreichen. Das Backblech in den vorgeheizten Backofen schieben. Cookies **12–15 Minuten backen**.

6. Die Cookies mit dem Backpapier von dem Backblech auf einen Kuchenrost ziehen und erkalten lassen.

7. Den Puderzucker mit 2–3 Esslöffeln Limettensaft glatt rühren. Cookies damit besprenkeln. Guss trocknen lassen.

besonders fein

Cranberry-Pekan-Cookies

PRO STÜCK: E: 3 g, F: 15 g, Kh: 31 g, kJ: 1150, kcal: 274, BE: 2,5
ZUBEREITUNGSZEIT: 30 Minuten
BACKZEIT: 15–18 Minuten

ZUM VORBEREITEN:
30 g Pekannusskerne

FÜR DEN TEIG:
100 g Butter (zimmerwarm)
50 g Doppelrahm-Frischkäse
80 g Zucker
1 Pck. Dr. Oetker Vanillin-Zucker
1 Ei (Größe M)
120 g Weizenmehl
1 Pck. Dr. Oetker Pudding-Pulver Vanille-Geschmack

75 g getrocknete Cranberrys zum Bestreuen

1. Zum Vorbereiten die Pekannusskerne in grobe Stücke hacken.

2. Den Backofen vorheizen.
Ober-/Unterhitze: etwa 200 °C
Heißluft: etwa 180 °C

3. Für den Teig Butter mit Frischkäse, Zucker und Vanillin-Zucker in eine Rührschüssel geben. Die Zutaten mit einem Mixer (Rührstäbe) zunächst kurz auf niedrigster, dann auf höchster Stufe schaumig schlagen. Das Ei hinzugeben und etwa 1 Minute unterschlagen.

4. Mehl mit Pudding-Pulver gut vermischen, auf die Butter-Frischkäse-Ei-Masse geben und mit einem Teigschaber unterheben.

5. Den Teig mit 2 Esslöffeln oder einem Eisportionierer in gleich großen, runden Häufchen auf ein Backblech (gefettet, mit Backpapier belegt) setzen, dabei genügend Abstand zwischen den Teighäufchen lassen. Die Teighäufchen mit einem in Wasser getauchten Löffel zu flachen Cookies verstreichen. Die Cookies mit gehackten Pekannusskernen und Cranberrys bestreuen.

6. Das Backblech in den vorgeheizten Backofen schieben. Cranberry-Pekan-Cookies **15–18 Minuten backen.**

7. Die Cookies mit dem Backpapier von dem Backblech auf einen Kuchenrost ziehen. Cranberry-Pekan-Cookies erkalten lassen.

Widerstand zwecklos

Tipp: Sie können die Pekannusskerne auch durch andere Nusskerne, zum Beispiel Macadamia-Nusskerne oder Cashewkerne, ersetzen. Statt Cranberrys schmecken auch getrocknete Kirschen sehr lecker.

Haferflocken-Rosinen-Cookies

PRO STÜCK: E: 3 g, F: 14 g, Kh: 32 g, kJ: 1117, kcal: 267, BE: 2,5
ZUBEREITUNGSZEIT: 25 Minuten, ohne Einweichzeit
BACKZEIT: 13–15 Minuten

ZUM VORBEREITEN:
50 g Rosinen
warmes Wasser

FÜR DEN TEIG:
125 g Butter (zimmerwarm)
40 g weißer Zucker
75 g brauner Zucker
1 Pck. Dr. Oetker Bourbon-Vanille-Zucker
1 gestr. TL gem. Zimt
1 Ei (Größe M)
100 g Weizenmehl
1 Msp. Dr. Oetker Backin
75 g zarte Haferflocken

1. Zum Vorbereiten die Rosinen in eine kleine Schüssel geben und mit warmem Wasser auffüllen. Die Rosinen etwa 10 Minuten einweichen lassen.

2. Den Backofen vorheizen.
Ober-/Unterhitze: etwa 180 °C
Heißluft: etwa 160 °C

3. Für den Teig Butter mit beiden Zuckersorten, Vanille-Zucker und Zimt in eine Rührschüssel geben. Die Zutaten mit einem Mixer (Rührstäbe) zunächst kurz auf niedrigster, dann auf höchster Stufe schaumig schlagen. Das Ei hinzugeben und etwa 1 Minute unterschlagen. Die Rosinen in ein Sieb geben und sehr gut abtropfen lassen. Rosinen kurz unterrühren.

4. Mehl mit Backpulver und Haferflocken gut mischen. Die Mehl-Haferflocken-Mischung auf die Butter-Ei-Rosinen-Masse geben und mit einem Teigschaber unterheben.

5. Den Teig mit 2 Esslöffeln oder einem Eisportionierer in gleich großen, runden Häufchen auf ein Backblech (gefettet, mit Backpapier belegt) setzen, dabei genügend Abstand zwischen den Teighäufchen lassen. Die Teighäufchen nicht verstreichen. Das Backblech in den vorgeheizten Backofen schieben. Die Haferflocken-Rosinen-Cookies **13–15 Minuten backen.**

6. Die Haferflocken-Rosinen-Cookies mit dem Backpapier von dem Backblech auf einen Kuchenrost ziehen und erkalten lassen.

mit Zimt verfeinert

Blüten-Cookies

PRO STÜCK: E: 4 g, F: 13 g, Kh: 40 g, kJ: 1280, kcal: 306, BE: 3,5
ZUBEREITUNGSZEIT: 30 Minuten, ohne Abkühlzeit
BACKZEIT: 12–15 Minuten

ZUM VORBEREITEN:
75 g getrocknete Aprikosen

FÜR DEN TEIG:
75 g Butterschmalz (zimmerwarm)
100 g Zucker
1 Pck. Dr. Oetker Vanillin-Zucker
1 Ei (Größe M)
100 g Weizenmehl
50 g Speisestärke
1 gestr. TL Dr. Oetker Backin
3 EL Amaretto

FÜR DEN BELAG:
etwa 50 g gehobelte Mandeln
100 g Aprikosenkonfitüre
2 EL Amaretto

1. Zum Vorbereiten Aprikosen in sehr kleine Würfel schneiden.

2. Den Backofen vorheizen.
Ober-/Unterhitze: etwa 200 °C
Heißluft: etwa 180 °C

3. Für den Teig Butterschmalz mit Zucker und Vanillin-Zucker in eine Rührschüssel geben. Die Zutaten mit einem Mixer (Rührstäbe) zunächst kurz auf niedrigster, dann auf höchster Stufe schaumig schlagen. Das Ei hinzugeben und etwa 1 Minute unterschlagen.

4. Mehl mit Speisestärke und Backpulver gut vermischen. Die Mehlmischung auf die Butterschmalz-Ei-Masse geben, mit dem Amaretto und den vorbereiteten Aprikosenwürfeln mit einem Teigschaber unterheben.

5. Den Cookieteig mit 2 Esslöffeln oder einem Eisportionierer in gleich großen, runden Häufchen auf ein Backblech (gefettet, mit Backpapier belegt) setzen, dabei genügend Abstand zwischen den Teighäufchen lassen. Die Teighäufchen mit einem in Wasser getauchten Löffel zu flachen Cookies verstreichen. Das Backblech in den vorgeheizten Backofen schieben. Die Cookies **12–15 Minuten backen.**

6. Die Cookies mit dem Backpapier von dem Backblech auf einen Kuchenrost ziehen und erkalten lassen.

7. Für den Belag inzwischen Mandeln auf ein Backblech geben und in dem noch heißen Backofen goldbraun rösten. Mandeln abkühlen lassen.

8. Aprikosenkonfitüre mit Amaretto verrühren, durch ein Sieb in einen Topf streichen und unter Rühren gut aufkochen lassen. Danach etwas Konfitüre mit einem Pinsel jeweils auf die Cookiemitte streichen. Einige Mandelblätter blütenförmig darauflegen. Die restliche Konfitüre mit einem Teelöffel in kleinen Klecksen in die Mitte der Blütenblätter geben. Konfitüre trocknen lassen.

Tipps: Die Blüten-Cookies sind in einer gut verschlossenen Dose, kühl und trocken gestellt, etwa 1 Woche haltbar. Den Amaretto können Sie durch die gleiche Menge Wasser ersetzen.

Puffreis-Cookies

PRO STÜCK: E: 4 g, F: 14 g, Kh: 21 g, kJ: 937, kcal: 224, BE: 1,5
ZUBEREITUNGSZEIT: 45 Minuten
BACKZEIT: 12–15 Minuten

ZUM VORBEREITEN:
100 g Schoko-Puffreis-Quadrate

FÜR DEN TEIG:
50 g Butter (zimmerwarm)
50 g Zucker
1 Prise Salz
1 Ei (Größe M)
50 g Weizenmehl
50 g gem. Mandeln
1 Msp. Natron
50 g Vollmilch-Raspelschokolade

1. Zum Vorbereiten Schoko-Puffreis in kleine Stücke brechen und in einem Topf im Wasserbad bei schwacher Hitze unter Rühren schmelzen.

2. Den Backofen vorheizen.
Ober-/Unterhitze: etwa 200 °C
Heißluft: etwa 180 °C

3. Für den Teig Butter mit Zucker und Salz in eine Rührschüssel geben. Die Zutaten mit einem Mixer (Rührstäbe) zunächst kurz auf niedrigster, dann auf höchster Stufe schaumig schlagen. Das Ei hinzugeben und etwa 1 Minute unterschlagen. Die geschmolzene Puffreis-Schokolade mit einem Teigschaber unterrühren.

4. Mehl mit Mandeln, Natron und Raspelschokolade gut vermischen. Die Mehl-Schoko-Mischung auf die Butter-Ei-Masse geben und mit einem Teigschaber unterheben.

5. Den Cookieteig mit 2 Esslöffeln oder einem Eisportionierer in gleich großen, runden Häufchen auf ein Backblech (gefettet, mit Backpapier belegt) setzen, dabei genügend Abstand zwischen den Teighäufchen lassen. Die Teighäufchen mit einem in Wasser getauchten Löffel zu flachen Cookies verstreichen. Das Backblech in den vorgeheizten Backofen schieben. Die Puffreis-Cookies **12–15 Minuten backen.**

6. Die Puffreis-Cookies mit dem Backpapier von dem Backblech auf einen Kuchenrost ziehen und erkalten lassen.

für Krümelmonster

Tipp: Für Cookies am Stiel den Teig in halb so großen Portionen auf das Backblech geben, wie beschrieben flach verstreichen und in jede Teigportion einen Plastikstiel drücken. Cookies wie beschrieben backen. Lollistiele gibt es im Internet oder in gut sortierten Haushaltswarengeschäften.

Kinder-Cookies

PRO STÜCK: E: 4 g, F: 18 g, Kh: 37 g, kJ: 1397, kcal: 333, BE: 3,0
ZUBEREITUNGSZEIT: 50 Minuten, ohne Abkühlzeit
BACKZEIT: 12–15 Minuten

ZUM VORBEREITEN:

75 g Marzipan-Rohmasse
50 g kleine oder große bunte Schokolinsen

FÜR DEN TEIG:

80 g Butter (zimmerwarm)
50 g Zucker
1 Prise Salz
1 Ei (Größe M)
120 g Weizenmehl
1 Msp. Natron

ZUM GARNIEREN:

75 g helle oder dunkle Kuchenglasur
100 g kleine bunte Schokolinsen

1. Zum Vorbereiten das Marzipan in sehr dünne Scheiben schneiden. Große Schokolinsen in grobe Stücke hacken (kleine Schokolinsen nicht hacken).

2. Den Backofen vorheizen.
Ober-/Unterhitze: etwa 200 °C
Heißluft: etwa 180 °C

3. Für den Teig Butter mit Zucker, Salz und Marzipan in einer Rührschüssel mit einem Mixer (Rührstäbe) zunächst kurz auf niedrigster, dann auf höchster Stufe schaumig schlagen. Das Ei etwa 1 Minute unterschlagen.

4. Mehl mit Natron mischen, auf die Butter-Ei-Masse geben und mit einem Teigschaber unterheben. Anschließend die Schokoladenlinsen unterheben.

5. Den Cookieteig mit 2 Esslöffeln oder einem Eisportionierer in gleich großen, runden Häufchen auf ein Backblech (gefettet, mit Backpapier belegt) setzen, dabei genügend Abstand zwischen den Teighäufchen lassen. Die Teighäufchen mit einem in Wasser getauchten Löffel zu flachen Cookies verstreichen. Das Backblech in den vorgeheizten Backofen schieben. Die Kinder-Cookies **12–15 Minuten backen.**

6. Die Kinder-Cookies mit dem Backpapier von dem Backblech auf einen Kuchenrost ziehen und erkalten lassen.

7. Zum Garnieren die Kuchenglasur nach Packungsanleitung schmelzen lassen. Die Cookies mit einem Teelöffel oder Backpinsel damit bestreichen. Die Schokoladenlinsen vorsichtig auf die feuchte Glasur setzen. Die Kuchenglasur fest werden lassen.

die Welt ist bunt

Haferflocken-Cookies

PRO STÜCK: E: 4 g, F: 12 g, Kh: 28 g, kJ: 999, kcal: 238, BE: 2,5
ZUBEREITUNGSZEIT: 20 Minuten, ohne Abkühlzeit
BACKZEIT: etwa 15 Minuten

FÜR DEN TEIG:
100 g Butter
150 g kernige Haferflocken
100 g Zucker
1 Ei (Größe M)
3–4 Tropfen Bittermandel-Aroma
75 g Weizenmehl
1 gestr. TL Dr. Oetker Backin

1. Für den Teig Butter in einer Pfanne zerlassen. Die Haferflocken hinzugeben und unter Rühren bei schwacher Hitze darin bräunen. 1 Esslöffel von dem Zucker hinzufügen und darin mitbräunen (karamellisieren) lassen. Die Masse in eine Schüssel geben und abkühlen lassen.

2. Den Backofen vorheizen.
Ober-/Unterhitze: etwa 180 °C
Heißluft: etwa 160 °C

3. Das Ei in eine Rührschüssel geben, mit einem Mixer (Rührstäbe) in etwa 1 Minute schaumig schlagen. Nach und nach den restlichen Zucker und das Bittermandel-Aroma hinzufügen, dann noch etwa 1 Minute schlagen.

4. Mehl mit Backpulver gut vermischen. Die Mehlmischung mit der Haferflockenmasse auf den Ei-Zucker-Schaum geben und mit einem Teigschaber unterheben.

5. Den Teig mit 2 Esslöffeln oder einem Eisportionierer in gleich großen, runden Häufchen auf ein Backblech (gefettet, mit Backpapier belegt) setzen, dabei genügend Abstand zwischen den Teighäufchen lassen. Die Teighäufchen nicht verstreichen (der Teig läuft beim Backen noch auseinander).

6. Das Backblech in den vorgeheizten Backofen schieben. Die Haferflocken-Cookies **etwa 15 Minuten backen.**

7. Die Cookies mit dem Backpapier von dem Backblech auf einen Kuchenrost ziehen und erkalten lassen.

echter Klassiker

Bonbon-Cookies

PRO STÜCK: E: 2 g, F: 9 g, Kh: 27 g, kJ: 826, kcal: 197, BE: 2,5
ZUBEREITUNGSZEIT: 35 Minuten
BACKZEIT: 12–15 Minuten

ZUM VORBEREITEN:
100 g bunte Fruchtbonbons

FÜR DEN TEIG:
80 g Butter (zimmerwarm)
50 g Zucker
1 Prise Salz
1 Ei (Größe M)
120 g Weizenmehl
1 Msp. Natron

1. Zum Vorbereiten Bonbons in einen Gefrierbeutel geben und auf einem dicken Holzbrett oder Schneidebrett mit einem Hammer vorsichtig in kleine Stücke klopfen.

2. Den Backofen vorheizen.
Ober-/Unterhitze: etwa 200 °C
Heißluft: etwa 180 °C

3. Für den Teig Butter mit Zucker und Salz in eine Rührschüssel geben. Die Zutaten mit einem Mixer (Rührstäbe) zunächst kurz auf niedrigster, dann auf höchster Stufe schaumig schlagen. Das Ei hinzugeben und etwa 1 Minute unterschlagen.

4. Mehl mit Natron gut vermischen. Die Mehlmischung auf die Butter-Ei-Masse geben und mit einem Teigschaber unterheben. Zum Schluss die Bonbonstückchen unterheben.

5. Den Cookieteig mit 2 Esslöffeln oder einem Eisportionierer in gleich großen, runden Häufchen auf ein Backblech (gefettet, mit Backpapier belegt) setzen, dabei genügend Abstand zwischen den Teighäufchen lassen. Die Teighäufchen mit einem in Wasser getauchten Löffel zu flachen Cookies verstreichen. Das Backblech in den vorgeheizten Backofen schieben. Die Bonbon-Cookies **12–15 Minuten backen.**

6. Die Bonbon-Cookies mit dem Backpapier von dem Backblech auf einen Kuchenrost ziehen und erkalten lassen.

bunt & fruchtig

Marmor-Cookies

PRO STÜCK: E: 3 g, F: 11 g, Kh: 31 g, kJ: 981, kcal: 235, BE: 2,5
ZUBEREITUNGSZEIT: 40 Minuten
BACKZEIT: 15–20 Minuten

FÜR DEN TEIG:

100 g Butter (zimmerwarm)
100 g Zucker
1 Pck. Dr. Oetker Vanillin-Zucker
1 Ei (Größe S)
150 g Weizenmehl
50 g Speisestärke
1 gestr. TL Dr. Oetker Backin
1 EL gesiebter Kakao zum Backen
1–2 EL Milch

1. Für den Teig Butter mit Zucker und Vanillin-Zucker in eine Rührschüssel geben. Die Zutaten mit einem Mixer (Rührstäbe) zunächst kurz auf niedrigster, dann auf höchster Stufe schaumig schlagen. Das Ei hinzufügen und etwas 1 Minute unterschlagen.

2. Mehl mit Stärke und Backpulver gut vermischen, auf die Butter-Ei-Masse geben und mit einem Teigschaber unterheben. Den Teig in 2 gleich große Portionen teilen.

3. Eine Teigportion in einem tiefen Teller verstreichen. Kakao und Milch unter den restlichen Teig rühren. Den dunklen Teig auf die Teighälfte in den Teller geben und glatt streichen.

4. Den Backofen vorheizen.
Ober-/Unterhitze: etwa 180 °C
Heißluft: etwa 160 °C

5. Von dem geschichteten Teig mit 2 Esslöffeln gleich große, runde Häufchen abstechen und auf ein Backblech (gefettet, mit Backpapier belegt) setzen, dabei genügend Abstand zwischen den Teighäufchen lassen. Die Teighäufchen mit einem in Wasser getauchten Löffel zu flachen Cookies verstreichen.

6. Das Backblech in den vorgeheizten Backofen schieben. Die Marmor-Cookies **15–20 Minuten backen.**

7. Die Marmor-Cookies mit dem Backpapier von dem Backblech auf einen Kuchenrost ziehen und erkalten lassen.

einfach & gut

Dinkel-Butter-Cookies

PRO STÜCK: E: 4 g, F: 13 g, Kh: 25 g, kJ: 962, kcal: 230, BE: 2,0
ZUBEREITUNGSZEIT: 25 Minuten, ohne Abkühlzeit
BACKZEIT: 12–15 Minuten

FÜR DEN TEIG:

120 g Butter
180 g Dinkelmehl (Type 630)
½ gestr. TL Dr. Oetker Backin
1 Prise Salz
80 g brauner Zucker
1 Pck. Dr. Oetker Bourbon-Vanille-Zucker
1 Eiweiß (Größe M)
2 EL Milch

ZUM BESTREICHEN:

1 Eigelb
1 EL Milch

1. Für den Teig 80 g Butter in einen Topf geben, bei mittlerer Hitze zerlassen und leicht bräunen lassen. Den Topf von der Kochstelle nehmen. Butter etwas abkühlen lassen. Dann die restliche Butter unterrühren.

2. Den Backofen vorheizen.
Ober-/Unterhitze: etwa 180 °C
Heißluft: etwa 160 °C

3. Mehl mit Backpulver in einer Rührschüssel mischen. Salz, Zucker, Vanille-Zucker, Eiweiß, Milch und zerlassene Butter hinzufügen. Die Zutaten mit einem Mixer (Rührstäbe) zunächst kurz auf niedrigster, dann auf höchster Stufe in etwa 2 Minuten zu einem glatten Teig verarbeiten.

4. Den Teig in 8–9 gleich große Portionen teilen. Jede Teigportion zu einer Kugel formen. Die Teigkugeln zu runden, flachen Fladen ausrollen oder drücken. Die Cookies mit etwas Abstand auf ein Backblech (mit Backpapier belegt) legen.

5. Zum Bestreichen das Eigelb mit der Milch verschlagen. Die Cookies damit bestreichen. Das Backblech in den vorgeheizten Backofen schieben. Dinkel-Butter-Cookies **12–15 Minuten backen.**

6. Die Cookies mit dem Backpapier von dem Backblech auf einen Kuchenrost ziehen und erkalten lassen.

Tipp: Diese Cookies sind lange haltbar. Sie können sie in gut schließenden Dosen, kühl und trocken gestellt, 3–4 Wochen aufbewahren.

so schlicht, so großartig

Krokant-Cookies

PRO STÜCK: E: 4 g, F: 17 g, Kh: 43 g, kJ: 1421, kcal: 340, BE: 3,5
ZUBEREITUNGSZEIT: 30 Minuten, ohne Abkühlzeit
BACKZEIT: etwa 15 Minuten

FÜR DEN TEIG:
125 g Butter (zimmerwarm)
100 g Zucker
1 Pck. Dr. Oetker Vanillin-Zucker
1 Prise Salz
1 Ei (Größe M)
150 g Weizenmehl (Type 550)
1 gestr. TL Dr. Oetker Backin
150 g Haselnuss-Krokant
50 g Raspelschokolade
1 EL Milch

ZUM GARNIEREN:
evtl. 50 g Haselnuss-Krokant
evtl. 50 g Vollmilch- oder Zartbitter-Kuvertüre
evtl. 1 TL neutrales Speiseöl, z. B. Sonnenblumenöl

1. Den Backofen vorheizen.
Ober-/Unterhitze: etwa 180 °C
Heißluft: etwa 160 °C

2. Für den Teig Butter mit Zucker, Vanillin-Zucker und Salz in eine Rührschüssel geben. Die Zutaten mit einem Mixer (Rührstäbe) zunächst kurz auf niedrigster, dann auf höchster Stufe schaumig schlagen. Das Ei hinzugeben und etwa 1 Minute unterschlagen.

3. Mehl mit Backpulver, Haselnuss-Krokant und Raspelschokolade mischen, mit einem Teigschaber unterheben.

4. Den Cookieteig mit 2 Esslöffeln oder einem Eisportionierer in gleich großen, runden Häufchen auf ein Backblech (gefettet, mit Backpapier belegt) setzen. Die Teighäufchen mit einem in Wasser getauchten Löffel etwas flacher drücken. Nach Belieben die Hälfte der Cookies mit Haselnuss-Krokant bestreuen. Krokant leicht festdrücken.

5. Das Backblech in den vorgeheizten Backofen schieben. Die Krokant-Cookies **etwa 15 Minuten backen.**

6. Die Cookies mit dem Backpapier von dem Backblech auf einen Kuchenrost ziehen. Cookies erkalten lassen.

7. Nach Belieben die Kuvertüre in kleine Stücke hacken. Zwei Drittel davon mit dem Speiseöl in einem Topf im Wasserbad bei schwacher Hitze unter Rühren schmelzen. Den Topf aus dem Wasserbad nehmen und die restliche Kuvertüre darin unter Rühren schmelzen. Die Hälfte oder alle Cookies mithilfe eines Teelöffels damit besprenkeln. Kuvertüre trocknen lassen.

natürlich mit Schokolade

Crumble Cookies (Titelrezept)

PRO STÜCK: E: 4 g, F: 18 g, Kh: 35 g, kJ: 1325, kcal: 317, BE: 3,0
ZUBEREITUNGSZEIT: 25 Minuten
BACKZEIT: 15–20 Minuten

ZUM VORBEREITEN:
50 g Walnusskerne

FÜR DEN TEIG:
150 g Weizenmehl
1 gestr. TL Dr. Oetker Backin
125 g Butter (kalt)
50 g weißer Zucker
100 g feiner brauner Zucker (Kandisfarin)
1 Pck. Dr. Oetker Bourbon-Vanille-Zucker
1 Prise Salz
1 Eigelb (Größe M)
50 g kernige Haferflocken
1 gestr. TL gem. Kardamom

1. Zum Vorbereiten die Walnusskerne grob hacken.

2. Den Backofen vorheizen.
Ober-/Unterhitze: etwa 180 °C
Heißluft: etwa 160 °C

3. Für den Teig Mehl mit Backpulver in einer Rührschüssel mischen. Butter in kleine Würfel schneiden und hinzufügen. Beide Zuckersorten, Vanille-Zucker, Salz, Eigelb, Walnusskerne, Haferflocken und Kardamom ebenfalls hinzufügen. Die Zutaten mit einem Mixer (Knethaken) zunächst kurz auf niedrigster, dann auf höchster Stufe zu groben Streuseln verarbeiten.

4. Den Streuselteig in gleich großen, runden Portionen auf ein Backblech (gefettet, mit Backpapier belegt) geben. Die Streusel nur leicht festdrücken.

5. Das Backblech in den vorgeheizten Backofen schieben. Die Crumble Cookies **15–20 Minuten backen.**

6. Die Crumble Cookies mit dem Backpapier von dem Backblech auf einen Kuchenrost ziehen und erkalten lassen.

Tipp: Eine fruchtige Note bekommen die Cookies, wenn Sie noch 25 g getrocknete Cranberrys oder Kirschen unter den Teig mischen.

herrlich knusprig

Prinzessinnen-Cookies

PRO STÜCK: E: 3 g, F: 15 g, Kh: 33 g, kJ: 1133, kcal: 327, BE: 3,0
ZUBEREITUNGSZEIT: 30 Minuten
BACKZEIT: etwa 15 Minuten

ZUM VORBEREITEN:

75 g weiße Schokolade
100 g Zartbitter-Kuvertüre

FÜR DEN TEIG:

75 g Butter (zimmerwarm)
75 g Zucker
1 Prise Salz
1 Ei (Größe M)
120 g Weizenmehl
1 Msp. Natron

AUSSERDEM:

1 EL rosa Zuckerkristalle
1 EL Zuckerherzen

1. Die weiße Schokolade und die Kuvertüre getrennt voneinander in kleine Stücke hacken. Zwei Drittel von der Zartbitter-Kuvertüre in einem Topf im Wasserbad bei schwacher Hitze unter Rühren schmelzen. Den Topf aus dem Wasserbad nehmen und die restliche Kuvertüre darin unter Rühren schmelzen.

2. Den Backofen vorheizen.
Ober-/Unterhitze: etwa 200 °C
Heißluft: etwa 180 °C

3. Für den Teig die Butter mit der zerlassenen Zartbitter-Kuvertüre sowie Zucker und Salz in eine Rührschüssel geben. Die Zutaten mit einem Mixer (Rührstäbe) zunächst kurz auf niedrigster, dann auf höchster Stufe schaumig schlagen. Das Ei hinzugeben und etwa 1 Minute unterschlagen.

4. Mehl mit Natron und den weißen Schokoladenstückchen gut vermischen. Die Mehl-Schoko-Mischung auf die Butter-Ei-Masse geben und mit einem Teigschaber sorgfältig unterheben.

5. Den Cookieteig mit 2 Esslöffeln oder einem Eisportionierer in gleich großen, runden Häufchen auf ein Backblech (gefettet, mit Backpapier belegt) setzen, dabei genügend Abstand zwischen den Teighäufchen lassen. Die Teighäufchen mit einem in Wasser getauchten Löffel zu flachen Cookies verstreichen. Die Cookies mit rosa Zuckerkristallen und Zuckerherzen bestreuen.

6. Das Backblech in den vorgeheizten Backofen schieben. Die Prinzessinnen-Cookies **etwa 15 Minuten backen.**

7. Cookies mit dem Backpapier von dem Backblech auf einen Kuchenrost ziehen und erkalten lassen.

Tipp: Kleine Botschaften lassen sich auch backen: Aus den Cookieteig-Häufchen einfach Herzen formen und lieben Menschen eine Freude bereiten.

Ratgeber & praktische Tipps

TEIGMENGEN

Die Teigmengen wurden so berechnet, dass daraus **8–9 große Cookies** gebacken werden können, die auf einem Backblech Platz finden.

Wenn Sie lieber **kleine Cookies** backen möchten, reduziert sich die Backzeit um einige Minuten und Sie benötigen 2 Backbleche.

PORTIONIEREN

Um möglichst gleich große, runde Cookies zu erhalten, verwenden Sie zum Verteilen des Teiges auf dem Backblech am besten einen **Eisportionierer** (Ø etwa 5 cm – vgl. das Grundrezept auf den Seiten 6/7). Wenn Sie keinen Eisportionierer haben, nehmen Sie einfach 2 Esslöffel.

BACKEN

Cookies gelingen am besten in der **Mitte des Backofens.** Abweichungen sind möglich und von der Ausführung Ihres Backofens abhängig. Beachten Sie daher auch die Angaben Ihres Backofenherstellers.

Typisch amerikanische Cookies sind **„chewy“,** das heißt innen noch schön weich und locker, außen knusprig. Um diese Konsistenz zu erhalten, dürfen die Cookies auf keinen Fall zu lange im Ofen bleiben. Nehmen Sie sie rechtzeitig heraus, auch wenn Ihnen die Backzeit recht knapp bemessen vorkommt.

Wenn Sie Ihre Cookies jedoch lieber durch und durch **knusprig** mögen, lassen Sie sie etwas länger im Backofen. Für mehr Knusprigkeit können Sie zusätzlich noch einen Esslöffel Zucker zum Teig geben, die Cookies werden dann natürlich auch süßer.

Ob Cookies weich oder knusprig werden, hängt zudem sehr stark von der Luftfeuchtigkeit ab.

AUFBEWAHREN

Cookies schmecken frisch aus dem Ofen besonders lecker. Zum Aufbewahren lassen Sie die Cookies zunächst auf einem Kuchenrost vollständig erkalten. Anschließend verpacken Sie sie luftdicht in einer gut schließenden Dose. Die einzelnen Lagen Cookies trennen Sie durch Backpapier. **Kühl und trocken gestellt können Sie die Cookies so 1–2 Wochen aufbewahren.** Davon abweichende Aufbewahrungszeiten sind direkt im Rezept angegeben.

STYLEN

Cookies lassen sich natürlich nach Lust und Laune dekorieren. Rühren Sie Puderzucker nach und nach mit so viel Flüssigkeit glatt, bis ein dickflüssiger Guss entsteht. Den Puderzucker können Sie statt mit Wasser auch mit Tee, Likör, Wein oder Saft anrühren. Farbige Flüssigkeiten wie Rotwein geben dem Zuckerguss nicht nur Aroma, sondern färben ihn in einem zarten Pastell-Ton. Für kräftigere Farben den Zuckerguss mit soviel Speisefarbe einfärben, bis der gewünschte Farbton erreicht ist.

Alle Cookies, die ohne Früchte zubereitet werden, können am Stiel gebacken werden (vgl. dazu auch den Tipp auf Seite 75, Puffreis-Cookies). Lollistiele sind sehr preisgünstig. Sie bekommen Sie in gut sortierten Haushaltswarenläden und im Internet. Für **Cookies am Stiel** sollten die Cookies nur halb so groß wie in den Rezepten beschrieben portioniert werden. Zum Backen benötigen Sie für die gleiche Teigmenge dann 2 Backbleche, die Backzeit verkürzt sich um einige Minuten.

BUTTER

Klassische Cookies werden mit Butter gebacken. Sie verleiht ihnen ein besonders feines Aroma. Nehmen Sie die Butter rechtzeitig aus dem Kühlschrank. Weiche, zimmerwarme Butter lässt sich leichter schaumig schlagen. Sie können die Butter auch kurz mit der Rührschüssel in ein heißes Wasserbad stellen.

Verwenden Sie zum Backen keine streichzarte und keine fettreduzierte Butter. Die Cookies könnten während des Backens zu breit laufen.

Wenn Sie keine Butter verwenden möchten, können Sie sie durch die gleiche Menge Margarine ersetzen.

Allgemeine Hinweise

ABKÜRZUNGEN

EL = Esslöffel
TL = Teelöffel
Msp. = Messerspitze
Pck. = Packung/Päckchen
g = Gramm
kg = Kilogramm
ml = Milliliter
l = Liter
evtl. = eventuell
geh. = gehäuft
gem. = gemahlen
ger. = gerieben
gestr. = gestrichen
TK = Tiefkühlprodukt
°C = Grad Celsius
Ø = Durchmesser

KALORIEN-/NÄHRWERTANGABEN

E = Eiweiß
F = Fett
Kh = Kohlenhydrate
kJ = Kilojoule
kcal = Kilokalorien
BE = Broteinheiten

Bei den Nährwertangaben in den Rezepten handelt es sich um auf- bzw. abgerundete ganze Werte. Lediglich die Broteinheiten werden in 0,5er-Schritten mit einer Stelle nach dem Komma angegeben. Aufgrund von ständigen Rohstoffschwankungen und/oder Rezepturveränderungen bei Lebensmitteln kann es zu Abweichungen kommen. Die Nährwertangaben dienen daher lediglich Ihrer Orientierung und eignen sich nur bedingt für die Berechnung eines Diätplans, zum Beispiel bei Krankheiten wie Diabetes. Bei krankheitsbedingten Diäten richten Sie sich daher bitte nach den Anweisungen Ihres Diätassistenten bzw. Ihres Arztes.

ALLGEMEINE HINWEISE ZU DEN REZEPTEN

Lesen Sie bitte vor der Zubereitung – besser noch vor dem Einkaufen – das Rezept einmal vollständig durch. Oft werden Arbeitsabläufe oder -zusammenhänge dann klarer.

ZUTATENLISTE

Die Zutaten sind in der Reihenfolge ihrer Verarbeitung aufgeführt.

ARBEITSSCHRITTE

Die Arbeitsschritte sind einzeln hervorgehoben, in der Reihenfolge, in der wir sie ausprobiert haben.

ZUBEREITUNGSZEITEN

Die Zubereitungszeit ist ein Anhaltswert für die Dauer der Vorbereitung und die eigentliche Zubereitung. Längere Wartezeiten wie Kühl- oder Abkühlzeiten, Auftau- und Durchziehzeiten sind, sofern parallel keine weitere Tätigkeit erfolgt, nicht in der Zubereitungszeit enthalten. Die Backzeiten werden in der Regel gesondert ausgewiesen.

BACKOFENEINSTELLUNG UND BACKZEITEN

Die in den Rezepten angegebenen Backtemperaturen und -zeiten sind Richtwerte, die je nach individueller Hitzeleistung Ihres Backofens über- oder unterschritten werden können. Machen Sie nach Beendigung der angegebenen Backzeit eine Garprobe.

Die Temperaturangaben in diesem Buch beziehen sich auf Elektrobacköfen. Die Temperatureinstellungsmöglichkeiten für Gasbacköfen variieren je nach Hersteller, sodass wir keine allgemeingültigen Angaben machen können. Bitte beachten Sie deshalb bei der Einstellung des Backofens die Gebrauchsanleitung des Herstellers. Ein Backofenthermometer eignet sich dabei gut, um die Backofentemperatur im Blick zu haben.

Alphabetisches Register

Versuch macht klug!
Selbst mitmachen und die Dr. Oetker Versuchsküche live erleben – heißt es in Bielefeld. Dort finden regelmäßig Seminare und Vorführungen statt, bei denen den Profis der Versuchsküche über die Schulter geschaut und selbst Hand angelegt werden kann.
Es gibt wertvolle Tipps und so manch raffinierter Trick wird verraten. Zum Abschluss kann das Selbstgemachte in gemütlicher Runde probiert werden. Erleben Sie einen schönen Tag in der Dr. Oetker Versuchsküche.
Wir freuen uns auf Sie.
Alle Infos unter www.oetker.de oder unter 00800 71 72 73 74 (gebührenfrei in Deutschland).
Dr.Oetker
Dr.Oetker
Qualität ist das beste Rezept.

Für Fragen, Vorschläge oder Anregungen stehen Ihnen der Verbraucherservice der Dr. Oetker Versuchsküche Telefon: 00800 71 72 73 74
Mo.–Fr. 8:00–18:00 Uhr, Sa. 9:00–15:00 Uhr (gebührenfrei in Deutschland) oder die Mitarbeiter des Dr. Oetker Verlages Telefon: +49 (0) 521 52 06 51
Mo.–Fr. 9:00–15:00 Uhr zur Verfügung. Oder schreiben Sie uns:
Dr. Oetker Verlag KG, Am Bach 11, 33602 Bielefeld.
Oder besuchen Sie uns online im Internet unter www.oetker-verlag.de, www.facebook.com/Dr.OetkerVerlag oder www.oetker.de.

Umwelthinweis: Dieses Buch und der Einband wurden auf chlorfrei gebleichtem Papier gedruckt. Die Einschrumpffolie – zum Schutz vor Verschmutzung – ist aus umweltfreundlichem und recyclingfähigem PE-Material.

Redaktion: Christina Langner

Titelfoto: Thomas Diercks, Hamburg
Innenfotos: Anke Politt, Hamburg
außer: Walter Cimbal, Hamburg (S. 15, 47, 71)
Fotostudio Diercks – Thomas Diercks, Hamburg (S. 19, 53)
Janne Peters, Hamburg (S. 37)
Antje Plewinski, Berlin (S. 9, 11, 39, 83)
Winkler Studios, Bremen (S. 29, 51, 55, 79)

Rezeptentwicklung, -beratung und Foodstyling: Christine Bergmayer, Hamburg
Nährwertberechnungen: Nutri Service, Hennef

Grafisches Konzept und Satz: kontur:design, Bielefeld
Titelgestaltung: küstenwerber, Hamburg

Reproduktionen: d&d digital data medien GmbH, Bad Oeynhausen
Druck und Bindung: Mohn Media Mohndruck GmbH, Gütersloh

ISBN: 978-3-7670-0880-9